사물과 마음

사물과

물건 뒤에 숨어 있는 흔들리는 마음들

마음

살만 악타르 지음   강수정 옮김

●홍시

이 글은 내 어머니의 축음기에서 시작되었다.

　　우리 인간은 우리의 심장이 뛰고 우리가 숨을 쉬며 또한 자유롭게 움직이고, 그리고 무엇보다 정신적인 삶을 영위하며 최소한 표면적으로나마 자유의지를 지닌 것처럼 보인다는 점을 들어 우리와 무생물(즉 '사물')을 구분합니다. 물론 사실관계에서는 옳은 구분입니다. 그러나 이는 그 진실성의 여부를 오로지 우리의 마음, 또는 뇌의 지적인 영역에서 따지고 받아들이는 경우에만 성립됩니다. 이를테면 우리의 존재를 '산문'으로 서술하는 차원이라고 할 수 있겠죠. 그런데 마음과 뇌의 정서적인 측면으로 고개를 돌리면 그곳에서 존재는 '시(詩)'의 세계에 이릅니다. 그리고 바로 그곳에서 생물과 무생물을 구분하는 독선적인 경계가 허물어지기 시작합니다. 예술가와 어릿광대와 시인들은 오래 전부터 우리가 살아가는 세상, 우리를 에워싸고 있는 우주를 그런 시선으로 바라보았습니다. 그리고 인간과 사물이 융합했을 때의 유쾌하고 유익한 사례들을 우리에게 제시했습니다. 피카소와 달리가 대담하게 시도한 시각적 원근의 확장부터, 가만히 서 있다가 느닷없이 살아나 우리를 놀라게 만드는 카니발의 인간 조각상을 거쳐, 말하는 나무와 슬픈 기차, 그리고 윙크하는 폭포를 창조해낸 보르헤스와 네루다의 찬란한 은유에 이르기까지 그 사례들은 매우 다양합니다.

지금 여러분이 손에 쥔 이 책은 바로 그런 세계관을 다루고 있습니다. 이 책은 '사물'과 인간의 관계를 탐구하며, 그 둘의 공존과 상호관계, 상징적인 방정식, 그리고 이따금 벌어지는 완전무결한 융합을 우아하게 조망하고 있습니다. 과감하고 창의적이며 또한 교훈적인 이 책은 우리를 둘러싼 사물과 보다 깊이 공명하며 세상을 존중하는 마음을 갖게 하는 한편으로 새로운 사고를 자극해 줄 것입니다.

2014년 7월 1일
살만 악타르

차례

간디의 페이퍼 클립

GANDHI'S PAPER CLIP

말년에 간디는 나라 밖에서도 세계적인 명성을 누렸지만, 인도에서는 거의 숭배의 대상이었다. 사람들이 그에게 붙여 준 '바푸'라는 애칭은 아버지를 다정하게 부르는 말이었다. 다들 그를 보고 싶어 했고, 얼핏 지나는 모습이라도 보려는 마음에 수백 명씩 집 앞에서 기다리기 일쑤였다. 늘 창의적이었던 간디는 사람들의 바람을 충족시켜 줄 방법을 궁리하다가 결국 마당에 나와 앉아 사무를 보고 서신을 처리하기에 이르렀다. 비서가 편지를 큰소리로 읽으면 간디가 짧은 답장을 구술했다. 간디가 비서와 사무를 보는 공간에는 울타리를 둘렀고, 사람들은 조용히 지나치며 존경 어린 시선으로 바라보았다. 평소에 그가 딛고 다니는 땅에 머리를 대고 절을 하는 사람도 많았다.

그날도 비서가 봉투를 열고 클립으로 고정한 두 장의 편지지를 꺼냈다. 그런데 편지를 훑어보던 비서가 숨을 들이키더니 입을 굳게 다물고는 종이를 구겨 쓰레기통에 버렸다. 간디가 이유를 묻자 음탕한 욕설이 담겨 있어서 그렇다는 대답이 돌아왔다. 비서가 다음 서신으로 넘어가려 했지만 간디는 그 편지를 직접 읽어 보겠다고 고집했다. 내용을 확인한 그는 클립을 빼고 편지지만 버렸다. 비서는 전혀 동요하지 않는 간디의 모습이 놀라웠다. "바푸, 편지 속의 적개심에 마음이 상하지 않으셨나요?" 간디는 편지에 적힌 모욕적인 언사와 욕설은 당신에게 해당되는 바가 없기 때문에 개의치 않는다며 미소를 지었다. 그러고는 편지를 보낸 사람도 아마 그 사실을 알았을 거라면서, 폭언이 마음에 걸렸기 때문에 클립을 선물로 동봉하지 않았겠냐고 덧붙였다. 상대의 증오에 평정심을 어지럽히지 않는 것만큼이나 사소한 페이퍼 클립을 기꺼운 선물로 받아들이는 태도도 중요했다.

이건 실제로 일어났던 일화일까, 아니면 그저 떠도는 이야기일 뿐일까? 페이퍼 클립에 담긴 의미는 간디의 짐작에 불과했을까, 아니면 편지를 보낸 사람에게도 무의식적으로 그런 의도가 있었을까? 간디는 그 사람을 진심으로 용서한 걸까, 그저 영리한 술책으로 민망한 상황을 모면했을 뿐일까? 모두 생각해 볼 만한 가치가 있겠지만, 내가 봤을 때 여기서 따져야 할 가장 중요한 문제는 피할 수 없는 삶의 고통 속에서 위로나 기쁨이, 이를테면 페이퍼 클립의 형태로 다가오기도 한다는 사실을 우리가 인식할 수 있느냐의 여부이다.

그리고 이 책은 바로 그런 '클립들'의 이야기, 우리네의 삶을 든든하고 흥미롭고 즐겁게, 그리하여 의미로 충만하게 만들어 주는 크고 작은 모든 사물에 보내는 찬사이다.

everything

세상의 모든 것

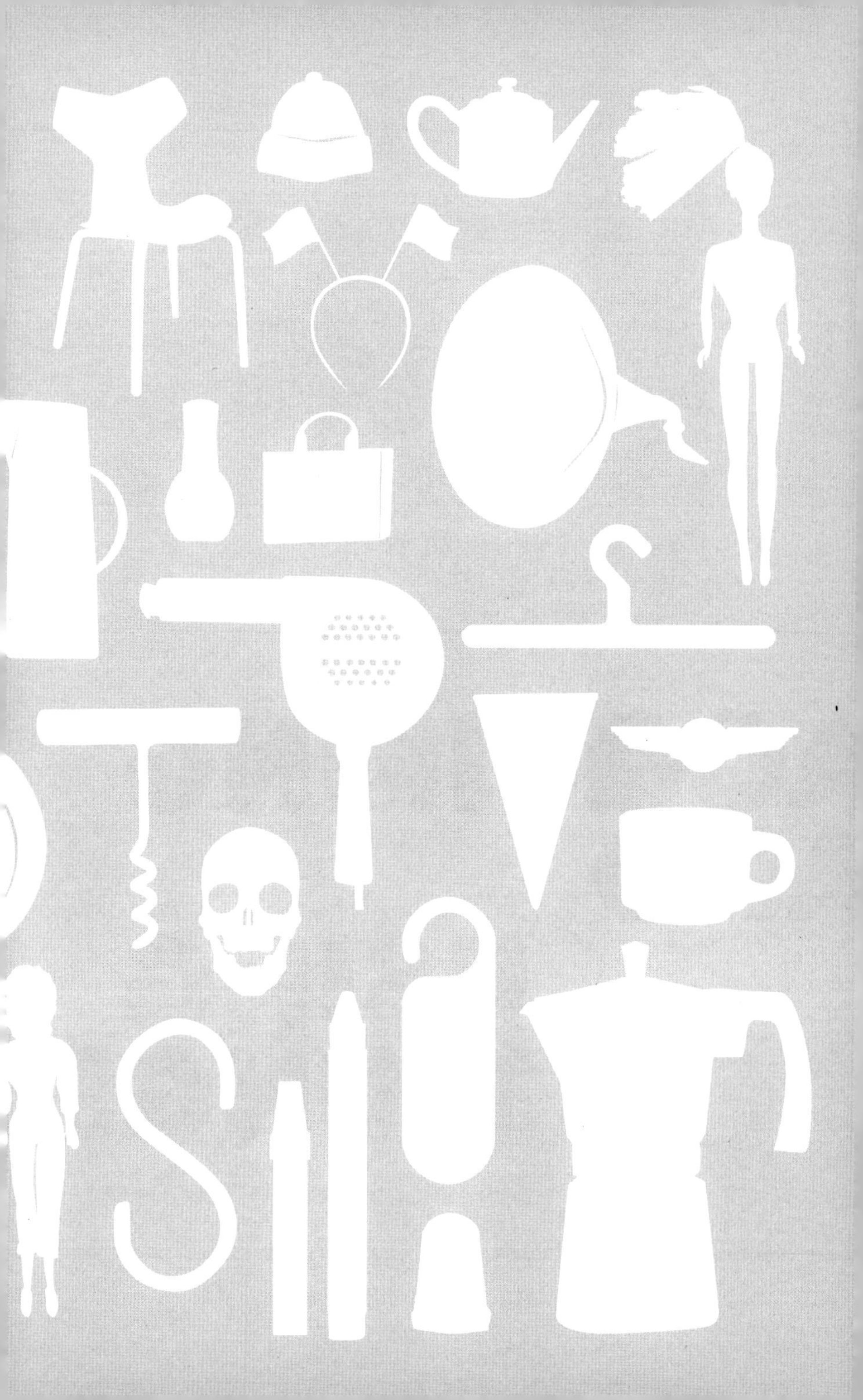

사물의 습득과 사용

사물의 세계가 그 수정 장롱에서 살기 위해
당신의 어린 마음으로 들어왔다.
줄리언 헉슬리

ACQUIRING AND USING THINGS

주변을 돌아보라. 뭐가 보이는가?

조명등과 탁자, 의자, 꽃병, 그림, 쿠션, 신문과 잡지와 책들? 만약 부엌이라면 아마도 냉장고부터 시작해서 스토브로, 전자레인지에서 식기세척기를 거쳐 개수대에 담긴 그릇이며 냄비에 시선이 멈출 것이다. 집이 아닌 버스정류장이나 공항이라 해도 삶의 일부인 양 (또는 이미 일부가 되어) 생활의 구석과 빈틈을 온통 차지해 버린 수많은 물건들을 의식하지 않을 도리가 없을 것이다. 우리가 삶을 항해하며 서로 소통하고 과거의 끈을 부여잡거나 욕망을 표출하는 데 사물은 중요한 역할을 한다. 사물에 담긴 정서적인 의미는 도처에서 분명하게 확인된다.

믿기지 않는다고?

와서 앉으라고 손짓하는 저 소파의 모양새, 예리하게 번뜩이는 칼날, 다이아몬드 반지의 찬란한 광채를 눈여겨보라. 여인의 우윳빛 어깨를 감싼 최고급 캐시미어의 보드라움을 떠올려 보라. 거대한 제트기의 웅장함을 주목하고, 묘비의 황량함을 생각해 보라. 오래되어 편안한 신발을 신어 보라. 갓 내린 커피를 담은 따뜻한 찻잔을 손에 쥐어 보라. 흔들의자에 앉고 새로 출고된 자동차의 푹신한 가죽 시트를 온몸으로 느껴 보라.

우리는 사물에 둘러싸여 있다. 사물과 깊은 관계를 맺고 사물에 의존한다. 사물에게 말을 걸고, 사물도 우리에게 말을 한다. 상호의존적이라는 표현은 진부하다. 용기를 내어 고백해 보자. 우리가 서로 사랑하는 사이라는 걸.

그리고 연인들이 그렇듯 우리도 사물과 떨어져서 살 수 없다. 그러면서도 사물에 대한 사랑을 제대로 표현하지 못할 때가 많다. 그런 우리를 구원해 주는 이들이 있으니, 바로 시인들이다. 칠레가 낳은 위대한 시인 파블로 네루다는「사물에 바치는 송가」라는 시를 통해 물질세계에서 얻는 정서적인 선물과 그로 인한 기쁨을 솔직하게 노래했다.

집들과 거리
그리고 엘리베이터 안에서 잠시
걸음을 멈추고,
물건들을 만져 보며
남몰래 갈망하는
대상을 확인한다;
이건 따릉따릉 울리기 때문에,
저건 여자의 엉덩이만큼이나
부드럽다는 이유로,
저기 저건 깊은 바다의 색이고,
또 저건 벨벳 같은 감촉이라서.

이렇게까지 기쁨에 겹지는 않더라도, 사물은 우리네 삶에서 근본적인 부분을 형성한다. 우리는 그것들을 끊임없이 발견, 프로이트의 말을 빌리자면 '재발견'한다. 사물은 우리의 감정을 물

everything

들이고 생각을 채색한다. 사랑하는 사람이 보낸 장미 열두 송이나 손자가 삐뚤삐뚤한 글씨로 쓴 편지라도 받는 날이면 온 세상을 얻은 것 같다. 우리 역시 사물의 도움을 받아 감정을 표현하거나 내면 깊이 감춰 두었던 자아를 드러낸다. 가슴 가득 사랑이 차오를 땐 애정의 징표로 선물을 건넨다. 슬픔을 느낄 땐 다정한 이들과의 좋았던 시절의 추억을 되살려 줄 사진을 꺼내 본다. 세상이 못마땅하고 분노가 치밀 땐 연쇄살인범에 대한 책을 읽으며 잔인한 행위를 대리 체험하는 것으로 억눌린 감정을 분출한다. 사물과 나누는 이런 '대화'는 물론 문화적 전통이나 개인의 성별, 부모를 따라하려는 (또는 부모에 반항하려는) 의식-무의식적 태도, 경제적 능력, 물건의 습득에 부여하는 가치에 영향을 받지만, 대화 자체는 보편적이다. 그렇다면 여기서 아주 근본적인 첫 번째 질문을 던지지 않을 수 없다.

우리에겐 왜 사물이 필요한가?

사물은 온갖 종류의 물리적, 정서적 필요를 충족시켜 준다. 무엇보다 '도구로서' 도움을 준다. 우리는 일상의 일을 처리하기 위해 사물의 굳건한 능력을 동원한다. 멀리 이동할 때는 자동차와 비행기와 기차와 배를 이용하고, 시계로 시간을 확인하며, 칼로 자르고 숟가락으로 음식을 먹으며 의자에 앉는다. 실제로 솔직하고 겸허한 사람이라면 자신의 생존 자체가 사물에 달려 있음을 인정할 것이다. 행동생물학자 데스몬드 모리스(Desmond Morris)가 털 없는 원숭이라는 표현을 쓰기도 했지만, 우리에겐 혹독한 자연 속에서 혼자 연명할 능력이 거의 없다. 우리를 돕고 목숨을 부지하게 해 주는 건 생명 없는 사물들이다.

우리가 살기 위해서는 막힌 공간(물건들로 이루어진)이 필요하고, 위험에 노출된 털 없는 살갗을 가려 줄 옷과 먼 거리를 이동하기 위한 인위적 수단, 열심히 집어삼키는 음식물을 소화하기 쉽게 만들어 주는 이런저런 조리도구가 필요하다. 사물에 대한 의존은 목숨을 연명하고 생활을 개선하는 차원을 넘어선다. 사물은 또한 인간이라는 지위에 품위를 부여한다. 벌거벗은 채 거리로 나서 본다면 옷이라는 알량한 물건이 우리를 보는 사회의 시선에 묵묵히 작용해 온 중차대한 역할을 깨닫고 고개가 절로 끄덕여질 것이다. 에덴동산 이야기가 신의 지시, 아담과 이브, 금단의 열매, 심지어 사악한 뱀까지 설득력 있게 그려내면서 향후 인류 문명의 첫 신호탄이 된 무화과 잎에는 거의 관심을 기울이지 않은 건 애석한 노릇이다.

'태초의 의상'에서 오트쿠튀르까지의 전개 과정은 나무를 깎아 만든 창에서 칼라슈니코프[소총의 명품으로 통하는 러시아제 자동 소총]로, 깜빡이는 호롱불에서 눈부신 백열전구로, 말이 끄는 마차에서 기름 먹는 하마 같은 SUV차량에 이르는 변천사에도 고스란히 반복된다. 발명의 어머니라는 '필요'는 알고 보니 다산의 여인이었다. 그 결과, 세상은 보르헤스의 말마따나 "말대꾸 한 마디 않는 노예처럼…… 우리에게 봉사"하는 유용한 사물로 가득 차게 됐다.

그와 동시에 사물에 대한 의존이 이렇게 기본적인 실용성 차원에서 끝나지 않는다는 것도 분명하다. 태어나서 죽을 때까지 우리는 사물에서 온갖 감정의 자양분을 얻는다.

사물과 감정

갓 태어났을 때는 사람과 동물, 그리고 사물까지 전부 똑같이 여긴다. 그러다 차츰 차이가 드러나고, 시간이 지나면서 사람과 사람이 아닌 대상을 향한 반응이 달라지기 시작한다. 엄마에게는 '사회적인 반응'을 보이지만 장난감에 대해서는 '소유적인 반응'을 나타낸다. 앞의 경우는 미소를 짓고 까르르 웃으면서 사람을 향해 팔을 뻗는 동작으로 표현되고, 뒤의 경우는 대상을 움켜쥘 목적으로 그 의도에 따라 팔과 손을 움직인다. 생후 6개월이 되면 더 이상 무생물을 사람으로 여기지 않게 된다. 하지만 그러면서도 사물을 살아 있는 것으로 인식하는 경향은 사라지지 않는다. 예닐곱 살까지도 해와 달이 움직인다고 생각하는데, 그것도 해와 달이 움직이고 싶어 하기 때문에 움직인다고 여긴다. 장난감 인형에게도 감정이 있어서 기분을 맞춰 줘야 한다고 믿는다.

그런가 하면 얼굴을 감췄다가 불쑥 드러내는 '까꿍 놀이'는 뭔가가 눈에 보이지 않는다고 아예 사라지는 게 아니라는 걸 가르쳐 준다. 이런 개념에 대한 이해가 반복되면서 전반적인 사물의 세계를 바라보는 시각이 형성된다. 나무는 언제까지나 나무이며, 집은 집으로 남아 있다는 걸 알게 된다.

월령 6개월에서 18개월에 걸친 이 시기에 우리는 또한 엄마로부터 심리적으로 분리되기 시작한다. 그로 인한 외로움에 대처하기 위해 우리는 태어나서 처음으로 진정한 소유물을 찾게 되는데, 대개는 곰 인형이나 담요가 그 자리를 차지한다. 이런 것들을 정겹게 끌어안으면 마음이 편안해지고 안정감이 든다. 소아과의사 출신의 정신분석학자 도널드 위니콧(Donald Winnicott)은 곰 인형이나 담요가 아이의 내면과 외부현실 사이에 체험의 영역을 형성하는 데 도움을 준다고 말한다. 이런 종류의 소유는 유형의 물건이지만 여기서 중요한 건 실제의 용도가 아닌 그것이 자아내는 감정이다. 그 결과 이런 사물들은 은유의 차원에서 세계를 경험하는 능력의 시발점이 된다. 이제 현실은 환상 속의 허구와 나란히 놓이지 않으며, 은근하고 막연한 방식으로 그 둘을 이어주는 감정을 경험하기 시작한다. 이러한 '경험의 중간지대'는 더 발전할 경우 시와 음악, 소설과 영화(전부 사실이 아니지만 사실이 아닌 것만도 아니며, 형체가 없으면서도 지각할 수 있는 대상이다)를 즐길 수 있는 토대가 된다.

어려서 주변의 물리적 환경과 교감했던 상호작용이 창의적인 사고의 잠재적 토대가 된다는 사실은 줄리언 헉슬리[유네스코 초대 사무총장을 지낸 영국의 생물학자]가 1926년에 쓴 시에도 잘 나타

everything

나 있다.

사물의 세계가 그 수정 장롱에서 살기 위해
당신의 어린 마음으로 들어왔다.
그 안에선 가장 기이한 짝들이 만나고
상상 속의 사물이 제 종족을 퍼뜨렸다.
왜냐면, 일단 그 안에 들어서면,
유형의 사물이 영혼을 얻기 때문에.
실제와 당신이 서로 얽혀 그 안에서
당신만의 작은 소우주를 짓지만 그래도
스스로 설정한 작은 자아는 어마어마한 임무를 띠었지.

조금 더 자라면 우리의 몸이 부모님과 얼마나 비슷하고 또 얼마나 다른지 의식하게 된다. 성별에 따른 역할도 의식하게 되면서 사물은 우리의 자의식 형성에 일조한다. 여자아이가 엄마의 립스틱과 장신구로 치장을 하며 놀 때 남자아이는 아빠의 신발을 신고 우비를 입어 본다. 아이들은 자의식, 또는 원하는 자아의 상을 구축해 가는 과정에 사물이 미치는 힘을 알게 될 뿐만 아니라 '어른'의 물건을 써보는 데서 '짜릿함'을 느낀다. 옷이 정체성의 형성을 돕기 시작하는 동안 다른 사물들은 사회성을 개발할 수 있도록 도와준다. 보드게임과 운동기구, 비디오게임을 비롯한 각종 장난감은 또래와 놀면서 우정을 쌓아가기 시작하는 최초의 방식이다.

사춘기에 이르면 정체성 형성은 더 이상 미룰 수 없는 당면 과제가 되고, 여기서 사물은 결정적인 역할을 한다. 이 시기에 이르면 우리는 아예 사물이 되었다고 해도 과언이 아닌데, 옷과 머리스타일, 화장과 문신에 이르는 겉모습이 자의식과 소신을 천명하는 가장 중요한 방법이 되기 때문이다. 방은 피난처로서 더할 나위 없이 중요해지고, 포스터와 사진과 구호와 그곳에 쌓아 놓은 온갖 물건을 이용해서 자신을 드러내는 또 다른 수단이 된다. 이때 무생물의 기능은 크게 세 가지로 나눠 볼 수 있다. 첫 번째는 신체의 변화를 반영하고(면도기, 브래지어, 생리대, 여드름 연고), 그 다음으로는 (혀에 뚫은 피어싱과 찢어진 바지로) 부모와 기성세대에 반항하며, 마지막으로는 어린 시절의 이미지를 벗고 미래로 가는 길을 닦는 데 도움을 준다(CD 컬렉션과 기타, 포스터, 벽에 붙인 그림들). 이런 사물들은 부모보다 또래의 가치관에 대한 의존도가 증가한다는 증거이기도 하다. 어렸을 때 어른처럼 꾸미고 치장했듯이, 이제 자신에게 가장 잘 어울리는 것을 찾을 때까지 다양한 역할을 시도하며 성장해 간다.

집을 떠나 따로 살면서 대학에 다니고 직장을 구하고 인생의 반려자를 찾는 동안에는 중요한 사물의 성격과 의미가 달라진다. 태어나서 처음으로 가구와 각종 가전제품, 자동차, 아파트와 주택에 대한 눈높이를 끌어올리기도 한다. 물론, 소유의 종류와 범위에는 사회경제, 문화적 변수가 작용하지만 성인으로 진입하는 길에는 어김없이 물질적 차원이 결부된다. 나만의 집을 꾸미려면 스테레오와 텔레비전, 테이블, 전자레인지, 식기, 소파와 책꽂이 등의 다양한 물건이 필요하다. 사랑하는 사람을 만나 지속적인 관계를 유지하고 결혼을 하는 데에도 광범위한 물질적 요소가 개입한다. 특히 구애 기간은, 결혼이라는 결실을 맺느냐에 상관없이, 새로운 물건의 습득으로 점철된다. 여기에는 애인에게 줄 선물, 새로 사 입는 옷들, 연인과 함께 구입한 물건들이 포함된다.

부부의 연을 맺으면 마지막 범주에 해당되는 물건이 폭발적으로 증가하고 나중에 아이를 낳아서 키우다 보면 어린 시절의 물건들을 다시 접하지 않을 수 없는데, 유모차, 아기용 의자, 세발자전거, 장난감, 이런 것들과의 조우는 어른이 된 우리의 자아를 충만하게 채워 주는 효과를 발휘한다는 점에서 의미가 깊다. 아이의 장난감을 가지고 놀다 보면 지난 시절의 행복한 기억이 되살아난다. 격조했던 옛 친구를 만난 것에 비할 만한 기쁨이다. 미소를 지으며 추억에 잠기다 보면, 인생의 여러 시기들이 조화롭게 어우러진다.

짐을 줄여야 할 때

중년이 되면 사물과의 관계가 풍요로운 동시에 심란한 면모를 띤다. 이때쯤이면 대부분의 사람들이 많은 것을 소유하게 된다. 가재도구나 옷가지처럼 순수한 용도 위주의 물건들 외에도 '감상'이라는 항목의 비축분이 상당하다. 이를테면 가족사진, 지난 여행지의 기념품들, 오랜 우정의 징표들, 소중한 사람들이 남긴 것들이다. 이런 사물들은 우리를 과거와 이어줄 뿐만 아니라 사랑하는 사람들과도 연결지어 준다. 추억을 간직한 이런 물건들은 우리를 소중한 사람들, 그중에서도 특히 배우자와 가깝게 묶어 주는 접착제다. 인생의 이 단계에서는 경제적으로 안정되고 자신을 성찰할 시간이 많아지다 보니 전에는 손에 넣을 수 없었거나 꿈으로만 여겼던 것들을 구입할 마음이 생기기도 한다. 스포츠카나 고급 도자기, 다이아몬드, 별장 등이 여기에 해당된다.

그러나 우리는 서서히 습득의 한계점에 도달한다. 성취와 창의력, 무엇보다 삶이라는 것 자체의 한계를 감지하기 시작한다. 몸의 변화, 자식들의 독립, 부모님의 죽음은 그런 우리의 마음을 더 무겁게 만든다. 시간은 이제 심리적인 영역대로 맹렬하게 진입한다. 죽음은 더 이상 평생교육원의 강의 제목에 머물지 않는다. 산 날에 비해 남은 날이 적게 느껴진다.

더 나이 들어 은퇴를 앞두거나 현업에서 물러나게 되면 대부분의 사람들이 물질의 소유가 덧없다는 걸 깨닫게 된다. 신기한 물건들, 보자마자 마음을 빼앗겼던 물건들이 차츰 광채를 잃고 흐릿해진다. 어떤 물건을 손에 넣었다고 해서 가슴 깊이 뿌듯하거나 흡족한 경험을 하는 경우는 거의 없다. 그런 경험은 우리가 주고받는 사랑에서 나온다. 이런 깨달음은 사물과의 관계를 바꿔 놓고, 그 결과 우리는 물질적 삶의 단계적 축소에 돌입한다. 물건 구입을 줄이고 그 대신 기왕에 지닌 것을 더 많이 활용하면서 내

everything

가 세상을 떠난 뒤에 남을 내 물건들의 운명을 따져본다. 유서를 쓰고, 무덤과 내 유해의 운명을 남몰래 생각한다.

끝을 향하여

삶이 저무는 시기가 되면 사물에 의존하는 관계로 되돌아간다. 지팡이와 휠체어, 요실금 기저귀, 약상자, 그리고 틀니가 우리의 안전과 행복을 책임진다. 그러다가 아예 목숨 자체를 기계에 맡기게 될 수도 있다. 그러나 결국에는 물질세계에 작별을 고해야 한다. 이 세상에 영원한 건 없다. 아니, 어쩌면 영원할 수 없는 건 우리이고 '물건'이 세상에 남는 걸까?

우리는 사는 동안 실질적인 용도만이 아닌 정서적인 가치 때문에 '물건'을 필요로 한다. 물건은 우리 자신을 표현하는 데 도움을 준다. 값비싼 자동차는 우리가 일정한 경지에 도달했음을 말해 주고, 대대로 물려받은 유물을 아끼는 태도에서는 조상을 섬기는 마음이 느껴진다. 사물은 우리의 정체성에도 일조한다. 소유한 물건을 보면 예술애호가인지 남북전쟁광인지 장서가인지 등등을 짐작할 수 있다. 정서적인 차원에 물건이 이바지하는 역할도 사는 동안 끊임없이 변화한다. 어떤 시기엔 뚜렷하지만 또 어떤 시기가 되면 구름에 가린 듯 모호하다. 정서적인 목적 중에도 명백한 것들이 있는가 하면 겉으로 드러나지 않는 것들이 있다. 본격적인 수집가들을 만나 보면 이 점을 좀 더 분명하게 이해할 수 있을 것이다.

수집하고 쌓아 놓기

우리가 미처 상상도 못한,
아니 상상을 초월한 모든 물건이
수집의 대상이 된다.

COLLECTING AND HOARDING THING S

지그문트 프로이트의 연구실엔 책과 골동품이 빼곡했다. 랜돌프 허스트[신문왕이라고 불렸던 미국 미디어산업계의 거물]가 소장했던 휘황찬란한 물건들은 지금 캘리포니아주 산루이오비스포의 성 하나를 가득 메우고 있다. 이만큼 대단하진 않지만 서른 살인 내 아들은 어린 시절의 장난감을 지금까지 소중히 간직하고 있다. 원래의 포장상자에 깔끔하게 담긴 채 우리 집 다락방의 공간을 적잖이 차지하고 있다. 내 비서의 오빠는 십대시절에 록밴드의 스티커로 문을 도배하더니, 나중에 집을 떠나 독립하면서 아예 그 문을 떼어 갔단다! 조금 극단적인 사례일지도 모르지만, 이들이 보여 주는 수집이라는 성향만큼은 결코 드문 일이 아니다.

『코벨의 골동품과 수집품 가격 가이드』를 쓴 테리 코벨은 "세상사람 셋 중 하나는 수집가"라는 말을 즐겨한다. 주변에서는 알아차리지 못하더라도 대부분의 사람은 어느 정도 수집가의 기질을 가지고 있다. 희한한 기계나 골프 클럽을 계속 사들이는 남자와 구두에 열중하는 여자는 틀림없이 물건을 사 모으지만 '수집가'로 알려지는 경우는 거의 없다. '수집가'로 불리려면 구체적인 물건을 엄청난 규모로 열심히 모아야 한다. 사람들은 왜 뭔가를 수집하는 걸까? 수집의 가치를 높이기 위해 시간과 돈을 기꺼이 투자하는 힘은 어디서 나오는 걸까? 종종 고되고 힘든 이 취미에 중독되고야 마는 매력은 과연 무엇일까?

하지만 여기서 잠깐. 수집이란 구체적으로 뭘 의미하지? 어수선하게 쌓아놓고 늘어놓은 잡동사니와는 어떻게 다르지? 어떤 사람에겐 잡동사니인 것이 또 다른 사람에겐 수집이 되기도 할까? 아니면, 똑같이 물건을 쌓아놓는 것처럼 보이더라도 이 두 가지를 구분할 어떤 기준이 존재할까?

수집 vs. 잡동사니

수집가를 이해하기 위해서는 우선 '수집'이라는 말부터, 특히 잡동사니와 어떻게 다른지 구체적으로 정의할 필요가 있다. 잡동사니는 그것을 소유한 사람이 특별한 가치를 부여하지 않는 물건, 이를테면 뜯어보지도 않은 광고성 우편물이나 과월호 잡지, 지하실에서 먼지가 뽀얗게 쌓여 가는 빈 맥주병 같은 것들인 반면, 수집품은 주인의 애정과 관심을 듬뿍 받는다. 더 중요한 건 잡동사니의 경우 물건을 버리지 못해서 쌓이는 데 반해, 수집품은 적극적인 노력의 결과라는 사실이다. 잡동사니는 수동성(더는 필요 없게 된 물건을 내버리지 않는 게으름의 소치)이나 불안정성(언젠가 필요해질 때를 대비해서 전부 끌어안고 있어야 안심이 되는 성격)에서 비롯된다. 그에 반해 수집은 능동성을 내포한다. 수집은 저절로 '우연히' 생겨나지 않는다. 공들이고 노력한 데 따른 최종 결과물이다. 수집가들은 원하는 물건을 손에 넣기 위해서라면 어떤 난관도 마다치 않는다. 벼룩시장을 헤매고 인터넷을 뒤지고 구체적인 주제의 강연을 쫓아다니고 부동산처분 경매에 참가하는 근면성실함을 보여 준다.

everything

그리고 여기에 돈이 빠질 수 없다. 수집가들은 마음을 홀딱 빼앗긴 물건을 소유하기 위해 엄청난 돈을 지불할 때도 많다. 반대로 그렇게 수집한 물건을 팔아 거액을 쥘 수도 있다. 잡동사니엔 그런 가치가 없다. 그리고 이 둘을 가르는 또 다른 차이점이라면, 잡동사니는 양으로 드러나고 수집은 질이 강조된다는 것이다. 실제로 수집가들은 상당한 감식안을 지니며 수집하는 분야라고 해서 무작정 사들이지는 않는다. 그러니까 손목시계나 펜의 수집가들이 눈에 띄는 시계와 펜을 전부 사지는 않는다는 얘기다. 그러기는커녕 특정한 시대나 나라의 제품, 뭔가 특별하고 탐나는 특징을 지닌 것을 신중하게 선별한다. 반면에 잡동사니는 아무거나 되는 대로 어질러 놓으면 그만이다.

하지만 잡동사니와 수집 사이에도 일정한 공통분모는 존재한다. 일례로, 잡동사니의 틈바구니에서 수집의 꽃이 피어날지도 모른다. 아무렇게나 쌓인 물건들 속에서 뭔가를 발견하고, 그것이 계기가 되어 특정한 종류의 물건을 적극적으로 수집하려는 열망이 생겨날 수 있다. 어제의 잡동사니가 오늘의 수집을 낳는다. 물론 그 반대의 경우도 가능하다. 시간이 흐르다 보면 수집의 열망이 강박증, 말하자면 내면의 폭주로 변할 수 있다. 이 상태가 되면 한 가지 종류, 예를 들어 도자기나 종이성냥을 수집하는 것으로는 만족하지 못한다. 점점 더 많은 물건들을 수집하기 시작하고, 취미였던 것은 중독으로 변질될 위기에 처한다.

내 친구 부부는 해외여행을 자주 다니면서 세계 곳곳의 자그마한 시계들을 사 모으기 시작했다. 그러다가 청자로 관심을 옮기더니, 거기서 다시 고대 이집트 유물 모형, 러시아 인형, 터키 접시를 거쳐 일일이 기억할 수도 없는 수많은 종류로 영역을 넓혔다. 두 사람의 집에 가보면 이런 '수집품'을 전시하기 위한 진열장과 캐비닛이 너무 많아 걸어 다니기가 힘들 정도다. 벽난로 선반에는 빈자리가 없고 거실 소파에 앉아 마시던 음료수 잔을 테이블에 내려놓으려 해도 틈을 찾을 수 없다. 두 사람의 집은 이렇게 귀하신 사물들이 완전히 '차지'해 버렸다.

이건 수집이라고 해야 할까, 아니면 잡동사니라고 해야 할까? 특정한 한 가지(우표든 동전이든, 혹은 손톱깎이든)에 집중해서 모으는 건 수집의 영역에 속한다. 그런데 수집하는 물건이 여러 가지가 되면 오로지 그 일에만 몰두하는 전문가가 아닌 이상 수집과 잡동사니의 경계가 흐려지기 시작한다. 그리고 여러 물건의 수집에서는 한 가지 물건의 수집에 쏟던 전폭적인 애정을 기대하기 어렵다(성실한 결혼생활과 문란한 자유연애의 차이를 생각해 보라!). 사정이 이렇게 되면 능동적이던 행동이 수동적으로 바뀌기 시작한다. '수집의 욕망'은 차츰 '수집하지 않을 수 없는 무능력'으로 변한다. 이렇게 심한 경우는 아니라도, 수집을 해야 한다는 압박감에는 내적인 수동성, 이른바 시적 복종 상태가 작용한다. 이쯤 되면 물리적인 사물에 대한 인간의 허기에 감탄하지 않을 수 없다.

everything

수집: 일반적인 것과 이례적인 것

수집하는 물건은 제각각이어도 수집의 욕망만큼은 보편적이다. 이 세상 도처에서 사람들이 열정을 가지고 수집하는 물건들은 일일이 열거하기가 힘들 정도다. [ㄱ]에서 거의 [ㅎ]까지 정리를 해볼 수 있다. [ㄱ]은 가전제품과 경찰용품과 곰 인형, [ㄴ]은 낚시용 미끼와 찌, [ㄷ]은 담뱃갑과 재떨이와 시거 같은 담배 관련 제품, [ㄹ]은 라이터, [ㅁ]은 만화책, [ㅂ]은 바구니와 병과 보석, [ㅅ]은 각종 스포츠기념품과 시계, [ㅇ]은 우표와 다양한 유리제품, 음반, 인디언 공예품, 인형의 집, [ㅈ]은 접시와 종이공예와 주방도구와 지갑, [ㅊ]은 축제용 소품, [ㅋ]은 카펫과 퀼트, [ㅌ]은 타이어, [ㅍ]은 파이프, 그리고 [ㅎ]의 하모니카와 하키도구 등등.

우리가 미처 상상도 못한, 아니 상상을 초월한 모든 물건이 수집의 대상이 된다. 아무래도 가장 널리 알려지는 건 부유하고 유명한 사람들의 수집품인데, 프로이트가 수집한 그리스와 이집트의 골동품, 레니에 모나코 국왕의 우표책, 폴 게티가 수집한 예술과 골동품의 보물창고, 필라델피아의 백만장자 앨버트 반스가 모아들인 위대한 인상파의 그림들, 심지어 코미디언인 제이 레노가 탐닉한다는 앤틱 자동차와 오토바이 같은 것들이다. 그러나 이렇게 유명하지는 않더라도 독특하고 매력적인 수집품을 자랑하는 개인들도 많다.

◇ 빈 성냥갑 3,159,119개를 모은 미국의 에드 브라사드.

◇ 110개국에서 맥주병(뚜껑을 따지 않은) 8,131개를 모은 독일의 페터 브로커.

◇ 505가지 종류의 손톱깎이를 모은 남아프리카공화국의 안드레 루드비크.

◇ 과일 스티커만 26,800여 개를 모은 프랑스의 앙투안 세코.

◇ 전 세계 115개 항공사의 수하물 인식표 469개를 모은 인도의 라 가브 로마니.

◇ 740개 항공사의 위생봉투 3,240개를 모은 네덜란드의 니에크 베르뮐렌.

◇ 131개국의 호텔에서 "방해하지 마시오." 문걸이 2,915개를 모은 스위스의 장 프랑수와 베르네티.

그런데 위에서 나열한 세계적으로 '위대'하고 '저명'한 수집가들은 어째서 전부 남자인 걸까? 여자들에겐 예술품이나 골동품처럼 값나가는 물건을 수집하는 데 필요한 경제력이 없기 때문일까? 아니면 여자들은 실용적인 가치를 지닌 물건(이를테면 구두나 가방)을 모으는 경향이 있고, 그런 것들은 '수집'으로 인정되지 않기 때문일까? 그것도 아니라면, 여자들은 천성적으로 수집의 성향이 덜하다고 말할 수 있을까? 내 생각으론 여자들도 수집을 하기는 하는데, 자신들이 모은 것을 떠벌이거나 그것으로 '유명'해지겠다는 욕구가 적은 것 같다. 남자들이 장악한 수집 관련 책자에서 여자들의 몫을 인정하지 않았을 가능성도 있다. 아무튼, 수집가의 영역에서 여자들이 덜 알려진 건 사실이다. 앨리스 플레처(Alice Fletcher, 1983~1923), 헬렌 로버츠(Helen Roberts, 1888~1985), 프랜시스 덴스모어(Frances Densmore, 1867~1957), 그리고 로라 불통(Laura Boulton, 1899~1980)의 이름을 들어 본 사람은 거의 없으며, 아메리카원주민과 에스키모, 그리고 카리브해 섬의 문화유물에 집중한 이들의 컬렉션 역시 여태 세간의 무관심 속에 묻혀 있다. 가치 높은 예술품을 수집한 이사벨라 스튜어트 가드너(Isabella Stuart Gardner, 1840~1924)와 페기 구겐하임(Peggy Guggenheim, 1898~1979)조차 폴 게티나 랜돌프 허스트만큼의 명성은 누리지 못한다.

수집에 대한 우리의 정서적 반응

수집하는 물건의 종류가 헤아릴 수 없이 많은 것처럼 그런 수집품을 대하는 우리의 정서적 반응도 그만큼 다양하다. 우표나 동전, 성냥갑, 장난감, 열쇠고리, 지하철 표, 약상자, 시계, 그리고 야구 카드를 모으는 사람은 주변에서 흔히 볼 수 있다. 그런 수집품은 '평범하다'거나 심지어 '그럴 수 있다'는 정도의 반응을 일으킨다. 곰 인형이나 동물인형, 음반, 펜, 골무, 심지어 나비나 곤충을 수집하는 것에 대한 태도 역시 크게 다르지 않다. 예술품이나 희귀본 도서, 유명인의 서명, 동양의 양탄자, 조각품, 보석, 그리고 골동품 자동차 앞에서는 감탄을 연발하며 깊은 인상을 받는다. 조류의 알이나 낙타 뼈로 만든 물건, 세상을 떠난 사람이 보낸 미개봉 편지, 낡은 옷가방, 비행기 엔진에서 떼어 낸 팬벨트를 모으는 사람들은 호기심을 자극한다. 반면에 연쇄살인범이 소유했던 물건, 유명한 사람이 씹다 버린 껌, 자동차에 치어 죽은 동물의 사체, 인공 눈알 같은 수집품은 우리를 심란하게 만든다. 소년이 입던 속옷이나 공룡의 분비물 화석을 수집한다는 사람을 만나면 불편함은 역겨움으로 변한다. 이런 물건들과 관련이 있는 성이나 쓰레기, 배설물, 폭력 같은 것들은 교양 있는 대화에서 금지된 주제이기 때문이다. 그러니 그런 물건들을 심지어 수집의 형태로 접하게 되면 마음이 불편해지는 것이다.

이렇듯 수집의 종류에 따라 우리에게 미치는 영향도 달라진다. 표면상으로는 이런 차이가 미적인 영역에서 발생하는 것처럼 보인다. 드러내 보이는 방식도 적잖은 역할을 한다. 매력적이거나 아름다운 수집품은 우리를 기쁘게 하는 경향이 있는 반면, 평범하거나 심지어 섬뜩한 성격의 것들은 그렇지 못하다. 선명한 색감의 우편엽서들은 기쁨을 자아내지만, 나사와 볼트 컬렉션은 그렇지 않다. 멕시코의 허리띠 버클보다는 벨기에의 유리세공품이 아무래도 더 매력적이다.

그런가 하면 수집의 규모도 감정적인 반응에 작용한다. "양은 언젠가 질이 된다."고 천명했던 카를 마르크스의 말을 여기에도 적용할 수 있을 것 같다. 예를 들어 여덟 개쯤 늘어놓은 라이터를 보고 깊은 인상을 받기는 힘들어도 그 수가 80개나 800개라면 호기심이 동하고 8,000개에 이르면 눈이 휘둥그레진다. 여기서는 확실히 규모가 중요하다.

수집품을 대하는 정서적 반응이 미적인 매력과 더불어 순수한 규모에 좌우되는 건 자연스러워 보인다. 하지만 도덕적인 잣대도 좋고 싫음에 작용한다. 그래서 어떤 수집품은 '용인'하고, 어떤 수집품은 '거부'하게 되는 것이다. 커피 잔이나 잉크병은 받아들일 수 있지만 입던 속옷이나 사용하던 보청기는 그렇지 않다. 병뚜껑은 괜찮지만 배꼽 털이라면 얘기가 다르다. 장난감 병정 정도는 충분히 이해할 수 있는 반면 개의 배설물 속에서 찾은 기상천외한 물건은 그럴 수 없다. 대부분이 연필깎이와 골동품전화기는 받아들이지만, 세계 전역에서 모은 콘돔이나 성생활용품에는 눈살을 찌푸린다. 똑같은 동물의 가죽이라도 채식주의자들은 역겨워하는 반면, 사냥이 취미인 사람은 진가를 알아본다.

그렇다면 수집품 앞에서 우리가 느끼는 정서적 반응은 결국 가치관에 좌우된다고 말할 수 있다. 일례로, 사냥꾼이라면 총이 진열된 복도를 신이 나서 지나가지만, 평화주의자는 마음이 어지러워진다. 물론 종류에 상관없이 수집가 본인이야 자신이 탐닉하는 물건의 가치를 인정하고 그 욕망을 지속적으로 추구할 의식, 무의식적인 이유를 두루 지니고 있다.

사람들은 왜 뭔가를 수집하는가?

좀처럼 물건을 내버리지 못하는 것 같은 사람들이 있다. 어려서 이별의 상처를 경험한 사람들에게 특히 그런 경향이 강하다. 물론 헌털뱅이 토스터나 쓸데없이 창고의 자리만 차지하고 있는 마분지 상자들이 어려서 부모와 헤어진 정신적 외상 탓이라고 말한다면 처음에는 터무니없게 느껴질 것이다. 그러나 복잡한 인간의 심리를 감안하고, 그것이 발휘하는 인식의 다양한 층위, 거기에 작용하는 상징의 미묘한 뉘앙스까지 전부 따져 본다면, 그 연결 도식이 더 이상 이상해 보이지 않을 것이다. 그 인과의 과정은 이렇게 이어진다. 본질적으로 어린 시절의 크고 작은 상실감과 슬픔으로 인해 사람이나 물건에 집착하는 경향이 생기고, 커서도 뭔가를 버리려고 하면 불안한 마음에 잡동사니를 쌓아 놓고 살다가 그 연쇄반응의 마지막에 수집이 등장하는 것이다.

버지니아 교외에 살면서 꽃병을 열심히 수집하는 이집트계 미국인 인류학자인 아티야 나세르도 바로 이런 역학관계를 역설했다. "내가 수집가가 된 이유는 여러 나라를 전전하며 뿌리가 없는 어린 시절을 보냈기 때문이에요. 가정은 화목했지만 이사를 무척 많이 다녔죠. 열 살 무렵에 이미 세 나라에서 살아 본 상태였으니까요. 내가 수집에 쏟는 열정은 이사할 때마다 느꼈던 상실감과 무관하지 않아요. 물리적인 공간, 익숙한 사람들, 그리고 정든 물건들. 알다시피 상실감은 허기를 낳고, 그 허기가 사람들을 수집으로 내몰죠."

수집을 하는 사람들이 전부 이렇게 해박한 지식을 자랑하는 건 아니지만, 수집 행위가 내면의 깊은 결핍을 채워 준다는 걸 그들도 어느 정도는 인식하고 있다. 변하지 않는 영속성을 바라는 마음도 그런 결핍 가운데 하나다. 어린 시절에 이곳저곳을 떠도느라 안정된 삶의 토대를 갖지 못했던 사람은 특히 안정을 희구하고, 이런 사람들에게 수집은 마음의 안정과 따뜻한 온기를 제공한다.

그런가 하면 수집은 자기 과시와 전시라는 인류보편의 욕구도 충족시켜 준다. 예를 들어 다른 사람들에게 내가 모은 것을 보여 주거나 혼자서라도 감상하면 뿌듯한 자부심을 느끼게 된다. 가치 있고 훌륭하며 충만한 삶을 살고 있다는 느낌이 든다. 이쯤 되면 "나는 수집한다, 고로 존재한다."는 말도 해봄직하다. 그리하여 수집은 내면의 공허, 허망함, 더 나아가 죽음 같은 무감각마저 완화시킬 수 있다. 극단적인 경우, 수집품의 소유에서 기인한 힘이 절대 권력의 면모를 띠기도 한다. 생명 없는 사물의 왕국을 다스리는 수집가는 흡사 반인반신 같은 기분을 느끼기 시작한다.

이런 지배의 욕구는 수집의 이면에 도사린 중요한 동기이다. 물건을 수집함으로써 그 왕국에 통제력을 행사할 기회를 얻게 된다. 물건을 분류하고, 일정한 장소에 놓거나 위치를 옮기고, 배치하고 재배치하며 눈에 띄는 위치를 변경하고, 이름도 붙이고, 심지어 수집의 품목을 변경할 수도 있다. 소유물과의 관계에서만큼은 우리가 대장이다. 어려서 무력감에 시달렸던 사람이라면 이런 식으로 사물을 장악함으로써 강한 심리적 보상을 얻을 수 있다. 실제로 임상 연구에 따르면, 부모의 무관심 속에 방치됐던 아이들은 동물이나 물건에서 위안을 찾는 경우가 많다. 그리고 이렇게 전도된 애정은 나중에 수집 성향으로 이어지기 쉽다.

물건을 수집하는 것은 또한 추억의 수집과 따로 떼어 생각할 수 없다. 헤어졌거나 사별한 사람에게서 받은 물건이 계기가 되어 수집을 시작하는 경우도 많다. 이를테면 나비모양의 보석 브로치를 물끄러미 바라보다가 똑같은 걸 하나 더 구입해서 쌍을 이뤄 주면 좋겠다는 충동을 느낄지 모른다. 그 충동에 순순히 따랐더니 조화롭고 행복해진다. 하지만 머잖아 그 경험을 반복하고 싶어 마음이 요동치고, 그러다보면 눈 깜짝할 사이에 발목이 잡히고 만다. 나비모양 브로치 수집가의 길에 접어든 것이다.

지난 시절의 향수만이 수집과 추억을 잇는 유일한 연결고리는 아니다. 추억의 공유를 통해 관계를 발전시키려는 욕망도 마찬가지 결과를 낳는다. 오늘 이 시계를 함께 구입하면 훗날 돌아보며 즐거워할 '추억거리'를 하나 더 갖게 된다. 집안의 시계가 많아질수록 두 사람의 경험은 공고해진다. 본격적인 수집가가 된 두 연인은 시계 덕분에 '시계를 함께 수집하는 연인'이라는 남다른 정체성을 갖게 된다.

이렇게 정체성을 부여하는 수집 취미의 능력은 다양한 수집가를 지칭하는 이름에서도 확인할 수 있다. 우표수집가(philatelist)

나 장서가(bibliophile), 동전수집가(numismatist) 정도는 적잖은 사람들이 알고 있지만, 곰인형수집가(archtophilist)나 조개껍질수집가(conchologist), 열쇠고리수집가(copoclephilist), 우편엽서수집가(deltiologist), 인시류수집가(lepidopterist), 인형수집가(plangonophilist), 레시피수집가(receptanist), 심지어 지하철표수집가(vecturist)와 깃발수집가(vexillophilist)마저 저마다 자랑스러운 정체성을 구축하고 있다. 관련 수집가들이 이런 말들을 널리보편화시키는 데 성공한 경우도 있긴 하지만, 이렇게 '거창한' 명칭은 대부분 소수의 애호가 집단 내에서 소통하는 데 그친다.

수집의 대상이 평범하든 그렇지 않든, 수집의 욕구 자체는 다양한 감정에서 발원된다. 여기에는 이별과 상실의 불안감으로부터 스스로를 보호하려는 마음, 지배력을 갈구하는 마음, 과거의 추억을 정리하려는 마음, 훗날을 위해 새로운 추억을 만들려는 마음, 남다른 정체성을 형성하려는 마음 등이 포함된다. 하지만 어떤 사람이 어째서 바로 그 물건을 수집하게 됐는지에 대해서는 아무런 설명도 들려주지 않는다.

달마티안, 미니 동물인형, 그리고 거북이

어떤 사람은 우표를 모으고 또 어떤 사람은 동물인형을 모으는 이유는 뭘까? 이 사람은 시계에 집착하는데 저 사람은 만화책에 몰두하는 이유는 뭘까? 흔히 하는 말처럼 "미치는 방법도 제

각각"인지는 모르겠지만, 아무튼 달마티안과 관련된 것이면 사족을 못 쓰는 검사 재닛이나 미니 동물인형을 거의 600개 가까이 모았다는 사서 엘리자베스는 모두 겉으로 보기엔 분별 있는 사람들이다. 재닛의 경우, 그 이유를 어린 시절에서 찾을 수 있었다.

저는 외롭게 자란 편이에요. 물론 부모님은 무척 다정하셨어요. 세 살 무렵에는 친구삼아 키우라고 강아지를 한 마리 사주셨죠. 그런데 제가 열두 살인가 열세 살쯤 됐을 때, 그렇게 정이 깊이 들어 버린 이 개가 죽고 말았어요. 당연히 너무 슬펐죠. 아버지는 새로 강아지를 구해 줄 마음에 가까운 동물보호소로 저를 데려가셨어요. 거기서 달마티안을 처음 봤는데, 보자마자 완전히 빠져 버렸죠. 그때 데려온 강아지는 몇 년 후에 세상을 떠났지만 그 이후론 쭉 달마티안만 키웠어요. 달마티안이 너무 좋아요. 보시면 아시겠지만 집에서는 실제로 개를 키우고, 사무실엔 이렇게 사진이랑 달력, 쿠션에 달마티안 도자기 인형까지, 사방이 달마티안 천지에요. 저는 달마티안이 정말 좋아요. 달마티안은 귀엽기도 하지만, 이거 아세요? 얼마나 사람을 잘 따르는지 몰라요. 우리 개 이름은 샐리인데, 집에 있을 때면 제 옆에 붙어서 떨어질 줄 모른답니다.

재닛의 이야기에서는 아끼던 개를 잃은 슬픔과 외로움, 친구에 대한 열망이 고스란히 드러난다. 이별의 슬픔을 겪는 와중에 달마티안을 만난 그녀는 달마티안 관련 물건을 수집하는 행위가 엄청난 치유효과를 발휘한다는 걸 알게 됐다. 외로움을 달래고 일상을 유지할 수 있는 힘이 된 것이다.

그런가 하면 엘리자베스가 미니 동물인형을 모으게 된 계기는 전혀 다르다.

솔직히 미니 동물인형을 수집한다고 얘기하는 건 좀 민망해요. 뭐랄까, 다 큰 어른이 빠지기엔 어쩐지 바보 같은 취미처럼 보여서. 안 그래요? …… 아무튼 모든 건 제 손녀인 메건 때문에 시작됐답니다. 메건이 어렸을 때 이 미니 동물인형을 무척 좋아했고, 나는 나대로 손녀에게 그걸 사주는 재미에 살았죠. 그러다 이미 갖고 있거나 메건이 원치 않는 게 한두 개씩 나왔어요. 그러면 그건 내가 가졌죠. 그렇게 해서 이 미니 동물인형을 두세 개 갖게 되니까 어느 순간 슬그머니 더 갖고 싶어지더라고요. 그러다 완전히 빠져들었고, 지금은 인형이 600개가 넘어요.

엘리자베스의 경우엔 손녀에 대한 사랑이 지극한 즐거움을 주었고, 미니 동물인형 수집은 어느새 훌쩍 자라 버린 손녀와의 지난 세월을 추억하는 연결고리가 되었다. 엘리자베스의 수집 행위에는 그리움이 속속들이 배어 있다.

위의 두 사례만 보더라도 수집품의 선택 근거가 대단히 개인적이라는 사실을 알 수 있다. 수집의 충동을 촉발한 심원한 계기가 유사할 때조차 수집하는 물건은 다를 수 있다. 재닛과 엘리자베스는 모두 상실감에 시달렸지만, 각기 다른 삶의 경험을 통해 서로 다른 물건의 수집으로 이어졌다.

반대의 경우도 있다. 즉, 완전히 다른 이유에서 동일한 물건을 수집하는 사람들의 얘기다. 켈리 디바인과 티모시 네빈의 사례를 살펴보자. 두 사람은 서로 만나기 전부터 거북이를 수집하는 데 열중했다. 하지만 거북이에 집착하게 된 동기는 판이하다. 켈리는 수줍음을 많이 타는데도 직업상 끊임없이 사람들을 만나야 했다. 그녀는 겉은 단단하지만 속은 여리고, 누가 조금이라도 건드릴라치면 재빨리 껍데기 속으로 몸을 움츠리는 거북이에게서 자신의 모습을 발견했다. 그런가 하면 티모시에겐 집안에서 '하늘이 내린 선물' 대우를 받는 형이 있었다. 그러다 보니 티모시는 늘 열등감에 시달렸다. 그러던 어느 날 이솝우화에 나오는 '토끼와 거북이' 이야기를 읽고 깊은 감명을 받았다. 그의 인생에 한 줄기 빛이 내린 것만 같았다. 티모시는 거북이처럼 끝까지 포기하지 않고 열심히 노력해서 언젠가는 형을 따라잡겠다고 다짐했다. 거북이는 티모시에게 근면함과 끈기로 운 좋은 경쟁자를 뛰어넘겠다는 결의를 불태우는 자신을 상징했다.

이렇듯 비슷한 동기가 다른 물건의 수집으로 이어지기도 하고, 계기는 다르지만 같은 물건을 수집하게 될 수도 있다. 다시 말해서, 우표 수집을 하는 사람이라고 전부 똑같은 심리상태를 가졌다거나 시계를 사 모으는 사람의 감정 상태는 모두 유사하다고 볼 수 없다는 얘기다. 그럴 수도 있고 그렇지 않을 수도 있다. 각각의 사연에 주의 깊게 귀를 기울여야만 수집하는 바로 그 물건을 선택하게 된 배경이 무엇인지 알 수 있다. 외부적인 요인(예를 들면 경제력)도 수집품의 선택에 영향을 미칠 수 있지만 중요한 건 으레 더 미묘한 것들이다.

쌓아올리기: 뉘앙스의 소멸

되는 대로 방치하는 잡동사니의 무신경이나 수집에 어리는 개인적인 삶의 뉘앙스와는 달리, 쌓아올리기의 경우엔 그 어떤 미묘한 결이나 뉘앙스도 찾아볼 수 없다. 여기서는 사물을 갈구하는 인간의 허기만이 극단적으로 나타난다. 물건을 내버리지 못하는 무능력도 도드라지는데, 물건을 한없이 쌓아올리는 것으로 감정의 공허에 맞서기 때문이다. 쌓아올리기는 일반적으로 물건을 안 버리고 모아둔다며 주변의 지청구를 듣는 수준을 훌쩍 넘어선다. 망가지고 못 쓰게 된 물건을 그냥 간직하는 것뿐만 아니라, 사실상 아무에게도 소용이 없고 누가 쓸 수도 없는 것까지 잔뜩 쌓아 놓는다. 오래된 신문지와 잡지, 광고성 우편물, 영수증, 깡통과 빈병, 낡은 옷과 신발과 진공청소기, 플라스틱 용기와 종이상자, 옷걸이, 망가진 가구까지 어지럽게 쌓인다. 아무것도 내버리지 못하고, 물건을 물색없이 사들이고, 다른 사람이 내버린 걸 주워 오는 것 등이 합쳐져서 쌓아올리기 증후군을 형성한다. 이쯤 되면 집은 본래의 의미를 잃고 벽장으로 전락한다. 실질적인 주거 공간은 오그라들고, 화재의 위험이 커지며, 방은 아예 사용하지 못하게 됐을지도 모른다. 이웃에서 불만을 토로하고 관청에서 퇴거명령을 내린다.

이런 사람들은 거의 모든 마을과 동네에서 찾아볼 수 있지만, 도가 지나친 나머지 전설로 회자되는 경우도 있다.『뉴욕타임스』의 프란츠 리즈는 다음의 사례들을 소개했다.

◇ 1940년대에 테레사 폭스라는 여성이 뉴욕시에 있는 자신의 아파트에서 숨진 채 발견됐다. 매트리스 안에는 분유 깡통을 500개도 넘게 쑤셔 넣었고, 찬장에는 중량 1파운드짜리 커피봉지 100개가 들어 있었다. 부엌 벽 한쪽엔 빵 수십 덩어리가 쌓여 있고, 침실의 옷장 서랍에는 설탕봉지가 가득했다.

◇ 1960년대에는 조지 아이첼이라는 부동산 중개업자가 누렇게 바랜 신문 뭉치와 사용한 면도날 더미, 새장 수십 개, 가지각색의 수많은 파이프, 그리고 치터라는 현악기들 틈에서 죽은 채 발견됐다.

대서양 건너 영국의 BBC방송국에서는 에드문드 트레버스라는 사람의 삶을 「먼지투성이 인생」이라는 제목의 다큐멘터리로 조명하기도 했다. 폴란드전쟁에 참전했던 트레버스는 잡동사니가 마당까지 점령한 집에서 그대로 살기 위해 런던 북부시의회

everything

와 지난한 투쟁을 벌였다. 집에서 쫓겨나는 신세는 간신히 면했지만, 의회에서도 그의 마당을 청소하겠다는 의지만큼은 꺾지 않았다. 그러기 위해 대형트럭 다섯 대가 동원되고 6만여 달러 상당의 세금이 투입됐다. 트레버스의 '해피하우스'에는 바닥부터 천장까지 폐품과 쓰레기가 빼곡하고 쥐가 우글거렸다.

하지만 콜라이어 형제의 소름끼치는 이야기에 비교하기엔 이 정도로는 어림도 없다. 1940년대에 뉴욕 할렘의 5번대로와 128번가가 교차하는 모퉁이에 살았던 콜라이어 형제는 부유한 집안의 상속자였지만, 놀랍도록 '풍부한' 난장판 속에서 영양실조로 죽은 채 발견됐다. 현관을 부수고 진입하려던 경찰은 길을 막은 물건들 때문에 도저히 안으로 들어갈 수 없었다. 결국 2층 창문으로 통로를 확보해서 들어가 보니 집안은 폐품 천지였다. 집 안에는 그랜드피아노 14대, 오르간 2대, 피아노의 전신인 클라비코드 1대, 신문지 6톤, 포드사의 모델T 자동차 차대, 공학 및 의학 관련 도서 14,000권, 낡은 X-레이 기계, 마차의 접이식 지붕, 무기와 화포 다수, 재단용 마네킹 3개, 예금통장 34권, 인형 유모차, 핀업걸 사진, 유아용 의자, 가스등 샹들리에, 말의 턱뼈 등이 있었다. 이 잡동사니의 무게는 총 180톤에 달했다.

이제 여기서 어디로?

지금까지 살펴봤듯이 사물을 소유하고 수집하고 축적하는

유형에서는 물질적인 차원만이 아니라 감정적인 결핍으로 인해 사물에 의존하게 되는 성향이 드러났다. 주변의 평범한 물건들과 나누는 일상적인 상호작용에서도 이런 관계는 나타나지만, 간과되거나 당연시할 때가 많다. 사물의 질감과 형태, 무게와 색깔은 사물이 우리에게 미치는 영향과 그 영향의 방식에서 일정한 역할을 담당한다. 어떤 물건은 슬픔을 자아내는 반면, 어떤 물건은 공격성을 자극하는 이유는 뭘까? 어째서 이 물건은 내게 힘을 주는데 저 물건은 내가 나약한 존재라는 사실을 일깨울까? 왜 우리는 성스러운 물건과 불경한 물건을 구분할까? 지난 세월의 향수를 유발하는 물건이 있는가 하면, 왜 어떤 것들은 그렇지 않을까?

everything

something

어떤 것

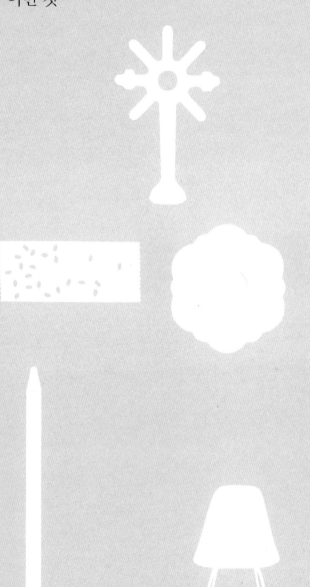

향수를 자극하는 것들

향수어린 물건이 제공하는 위안은,
알고 보면 순간적이다.

NOSTALGIC THINGS

그것은 크고 갈색이고 만지면 따뜻했다.

어머니의 축음기에 대해 기억나는 건 이 정도가 전부다. 나머지는 다소 모호한 모습으로 지난 세월의 회한과 그리움에 가려져 있다. 그것에 얽힌 이야기는, 내가 알기론 이렇다. 어려서 나는 어머니와 인도 중부의 어느 소도시에 살았다. 아버지가 영화음악가의 꿈을 이루기 위해 봄베이로 간 직후였다. 우리는 아버지가 안정된 일자리와 적당한 집을 구하면 뒤따라갈 예정이었다.

아버지와 수만 리 떨어진 아파트에서 저녁이면 밀려드는 외로움과 공허를 달래기 위해 어머니는 축음기를 장만했다. 워낙에 음악을 좋아하기도 했지만, 더 중요한 건 축음기와 반들반들한 검은색의 78rpm 레코드가 청운의 꿈을 품고 봄베이로 떠난 남편과의 연결고리가 되어 주었다는 사실이다. 두 도시를 이어 준 음악이라는 끈 덕분에 어머니는 아버지 없는 오랜 시간을 견뎌낼 수 있었다.

그러던 어느 날 어머니가 병환을 얻었다. 결합조직질환이라는 희귀병으로 인해 몇 달 지나지 않아 지방대학의 강사직도 그만둬야 했다. 집에서 보내는 시간이 많아지면서 음악에 의지하는 마음이 더 커지고 레코드 수집에도 열성을 보였다. 어머니는 침대에 누워 음악을 들으며 긴긴 오후를 보낼 때가 많았고, 레코드를 교체하는 건 내 몫이 되었다. 아버지에 대한 어머니의 사랑을 상징했던 축음기가 이젠 우리 모자 사이를 묶어 주는 강력한 끈이 되었다. 어머니와 나는 갈수록 축음기에 심하게 집착했다. 축음

어떤 것

기는 우리가 각자의 상실감을 이겨낼 수 있도록 도와주었다. 어머니에겐 남편의 빈자리와 건강 악화라는 지극히 현실적인 상실감이었고, 내 경우는 언제까지라도 어머니가 내 옆에 있을 거라고 생각했던 확고한 믿음의 상실이었다. 어머니를 잃을지 모른다는 생각이 두려웠다. 우리가 사랑했던 축음기는 그렇게 저마다의 가슴에 뚫린 휑한 구멍을 채워 주었다.

그것은 크고 갈색이고 만지면 따뜻했다.

그런데 늘 그렇듯, 자꾸 집중해서 생각하자니 그것의 또 다른 특징 두 가지가 서서히 떠오른다. 첫 번째는 축음기의 바늘이고, 두 번째는 옆에 있던 제조사의 로고다. 둥글고 반짝이던 바늘에 무늬를 새긴 모양은 꼭 새끼고양이 얼굴 같았다. 나 역시 아직 어릴 때라, 나는 이 상상 속의 새끼고양이에게 모종의 유대감을 느꼈다. 그게 마치 나인 것처럼. 또 다른 점도 마음을 훈훈하게 해 주긴 마찬가지였다. 큼지막한 상자 왼쪽엔 가로 5센티미터, 세로 2.5센티미터 정도의 직사각형 로고가 붙어 있었는데, 흰색과 갈색이 섞인 비글 강아지 '니퍼'가 축음기에서 나오는 음악소리에 귀를 기울이는 HMV[영국의 음반유통 체인점]의 상징이었다. 사람들이 소설 속 주인공이나 스타에게 느끼는 것 같은 강렬한 친숙함을 나는 이 개한테 느꼈다. 반짝이는 둥근 바늘의 상상 속 새끼고양이와 '주인의 소리(His Master's Vioce)'에 귀를 쫑긋 세우는 이 사실적인 강아지가 무의식적인 애정을 자극했다. 이것들은 순수와 헌신, 그리고 사랑을 의미했다. 내가 어머니에게서 그런 감정을 느껐기 때문에, 새끼고양이와 강아지는 내가 지닌 바로 그런 측면을 상징하게 됐다. 아이의 마음속에서는 현실과 환상의 경계가 분명하지 않다는 사실도 내가 이 '동물들', 그리고 그것들을 통해 축음기 자체와 나누는 교감을 촉진했다.

하지만 잠깐 짚고 넘어갈 게 있다. 지금 언급한 이런 환상들을 어린 시절의 나는 몰랐다는 점이다. 정신분석학자가 된 중년에 이르러서야 뒤를 돌아보며 조각들을 맞춰 낸 것이다. 축음기의 묘사마저도 기억과 상상에 의존할 뿐, 못 본 지 얼추 40년이니 실제로는 다르게 생겼을지도 모른다. 알 수 없는 노릇이다.

그래도 이 얘기를 조금 더 해보기로 하자. 몇 년 후, 어머니는 돌아가셨고 나는 다른 도시에 있는 외가에 맡겨졌다. 축음기는 가지고 가서 애지중지 간직했다. 그러다 열여덟 살이 되어 대학 진학을 위해 외가를 떠나기 직전에 공교롭게도 축음기의 수리를 맡겨야 했다. 나는 믿을 만한 전문가를 찾아갔고, 그는 그걸 고쳐서 내가 집에 다니러 올 때까지 잘 맡아주겠다고 약속했다. 그런데 막상 집에 와서 찾으러 갔더니 주인이 결혼식에 가느라 가게 문이 닫혀 있었다. 그리고는 이런저런 일들로 바쁜 나머지 결국 가게에 다시 들르지 못한 채 집을 떠났다. 시간이 흘렀다. 가게 주인이 죽었다는 소식이 들렸다. 1년쯤 지나 그의 집을 찾아갔다. 아들에게 그간의 사정을 얘기했더니 진지하게 한번 알아보겠노라 대답했다. 하지만 그의 표정에서는 축음기를 영영 찾지 못할 것 같다는 불길한 예감이 느껴졌다. 내 예감은 적중했다.

역설적이게도, 진짜 축음기를 잃어버리자 상상의 축음기가 생겨났다. 진짜 축음기에 대한 그리움은 언제까지라도 사라지지 않겠지만 기억의 영역에 자리 잡은 축음기를 잃어버리는 일은 절대 없을 것이다. 외부 현실 속의 축음기는 자취를 감췄지만 상상 속의 축음기는 확고부동하다. 마치 좋은 친구처럼 언제나 그 자리를 지키며 사물이 향수의 영역에서 발휘하는 은밀한 힘을 입증한다.

향수

감정적으로 무척 소중했던 사물과 헤어지는 게 고통스러울수록 몽상 속에서 애착하는 마음은 더 강해진다. 우리는 그걸 놓아 버릴 수 없다. 아니, 그러길 거부한다. 향수의 중심에는 잃어버린 것을 찬양하려는 보편적인 경향이 있다. 우리는 잃어버린 물건들을 그리움이라는 보드라운 천으로 닦고, 그러는 과정에서 그 물건을 아름답게 꾸미며 이상시한다. 상실에 따른 고통은 그 물건을 향한 애정에 밑거름이 된다. 이런 상실, 그리고 획득의 감정은 향수가 왜 달콤쌉싸름한지 말해준다. 쌉싸름한 건 잃어버렸다는 사실을 일깨워 주기 때문이고, 달콤함은 어느새 이상적으로 윤색된 잃어버린 것들과 마음으로 조우하는 기쁨에서 나온다.

그러나 정신적인 외상을 남기는 상실감은 향수를 자아내는 데 그치지 않는다. 살다 보면 어쩔 수 없이 어린 시절의 장난감이나 만화책처럼 아끼던 물건을 잃어버리는 경우가 생기기 마련이다. 이런 물건들은 잃어버렸을 때 가치가 높아지고, 뜻밖에 되찾았을 경우 마음속 깊은 곳에 묻혀 있었던 추억을 자극하게 된다.

세대마다 정서적으로 중요한 물건이 따로 있다. 70대 할아버지와 할머니들은 나무로 만든 요요, 유리구슬, 양철토스터, 최초의 파이렉스 프라이팬 얘기에 눈을 반짝인다. 그 뒤를 이은 이른바 '베이비붐 세대'는 주크박스와 공구세트, 만화책에 열을 올릴 것이다. 심지어 30대들도 팩맨 같은 초창기 비디오게임 얘기가 나오면 그립다는 듯이 아련한 미소를 짓는다. 이렇듯 '오래된 것들'과 조우하면 평소 마음속 깊이 묻어두었던 추억이 솔솔 피어난다.

앨런 휠리스(Allen Wheelis)는 『환상을 잃어버린 남자』라는 책에서 과거를 일깨우는 환경의 신호를 설득력 있게 포착해냈다.

우리는 누구나 칵테일파티에 가서 미소 띤 얼굴로 얘기를 나누고, 자녀를 돌보고, 일을 하고, 그 일에 자부심을 느끼면서 모든 게 잘 돌아간다고 여긴다. 그러나 그건 스스로를 기만하는 것이다. 문제는 엄연히 존재하고, 바람 부는 밤이면 우리는 그걸 감지한다. 상담을 받아도 문제는 사라지지 않는다. 정신과 전문의를 세 번쯤 찾아가 철저한 상담—그게 뭘 의미하는지는 모르겠으나—을 받은 후 악수를 나누고 돌아설 때면 이번으로 끝이라고 확신하지만, 그 순간 문득 들려오는 노래 한 소절, 지나가는

어떤 것 57

자동차에서 흘러나온 어떤 노래의 한 소절을 듣는 순간 오래 전 어떤 여자와 그 노래에 맞춰 춤을 추던 모습이 떠오르고, 당신의 어깨를 살포시 누르던 여자의 손길을 다시 느끼게 된다…… 황망한 기분에 힘이 빠지고 어떤 그리움—여자가 아닌 다른 뭔가에 대한 그리움—에 가슴이 저린다…… 뭐라 이름 붙일 수 없는 그것은 우리가 붙잡을 수 없는 저 너머에 있고, 정신분석의 그물이 아무리 촘촘한들 이렇게 교묘히 빠져나가는 괴로움을 낚아 올릴 수는 없다.

휠리스의 책에서 "황망한 기분에 힘이 빠지고" 마는 원인은 형체를 지닌 사물이 아닌 노래 한 소절이었지만, 우리가 다루고 있는 문제도 마찬가지다. 현재와 단절된 과거의 조각들은 온갖 방식으로 우리에게 되돌아온다. 망각이라는 지하창고는 외부세계의 다양한 사물을 배달부로 활용한다.

빨간 우체통

데이비드가 태어나서 자란 남아프리카공화국의 우체통은 빨간색이다. 젊어서 미국으로 이민 온 데이비드는 파란 우체통을 봤을 때 너무나 의아했다. 그는 지금까지도 "파란 우체통은 나에게 그런 작용을 하지 않는다."고 말했다. 온기와 친밀함과 안정감을 주지 않는다는 얘기다. 빨간 우체통에 대한 그의 반응은 전혀 다르다. 빨간 우체통은 얘기만 해도 신이 난다. 출장차 런던에 가거나 버뮤다 여행 중에 그곳의 빨간 우체통을 보면 가슴속에서 어떤 감정이 피어오른다. 빨간 우체통은 차분하고 듬직하고 결연한 느낌으로 이렇게 말한다. "네, 당신이 넣는 것이면 뭐든 원하는 곳까지 안전하게 배달해드릴게요." 어린 시절과 젊었을 때의 추억도 되살려 준다. 어려서는 더반에 사는 삼촌에게, 나중에는 여름 방학을 맞아 런던에 간 여자 친구한테 편지를 보냈던 추억. 그러니 데이비드에게 빨간 우체통은 특별할 수밖에 없다.

대부분의 이민자들처럼, 데이비드도 망각되어 사라졌을 고향의 특징을 소중한 추억으로 탈바꿈시키는 재주가 있다. 이민에는 익숙한 것들과의 이별이 따른다. 친지들과 헤어지는 건 가슴 아프지만, 세월이 지나면 새로운 곳에서 새로운 사람들을 만나 친구를 사귀고 앙숙도 생긴다. 새로운 연인과 새로운 술친구와 새로운 삶이 생겨난다. 그렇기 때문에 이민이 초래하는 가장 큰 외상은 사람들과의 이별이 아니라 익숙한 풍경이나 물건들과의 단절일 때가 많다. 사람이야 어딜 가든 대체로 비슷하다. 그런데 장소는 뿌리까지 속속들이 다를 수 있기 때문에 전혀 다른 환경으로 이주할 경우 일정한 정서적 경험을 더 이상 기대할 수 없을지도 모른다.

그걸 보상할 마음에 날씨나 풍광이 고향과 비슷한 곳을 찾기도 한다. 실제로 이런 상징적인 복구에 평생 애를 태우기도 한다. 내 주위의 이민자 친구들 중에도 이런 열망을 느끼는 사람들이 많다. 케냐에서 자랐지만 지금은 보스턴에 살고 있는 수프리야 바티야는 어린 시절의 환경을 떠올리게 하는 캘리포니아 남부나 뉴멕시코로 이사를 가고 싶은 뿌리깊은 염원을 가지고 있다. 진 브라운처럼 영국에서 미국으로 건너온 사람들은 지금 살고 있는 집을 '고향 분위기'로 꾸몄다. 진은 뒷마당에 아름다운 영국 정원을 가꿨다. 런던 외곽에 사는 어머니 집에서 붓꽃과 각종 구근을 가져다 심었다. 정원은 그녀에게 시공을 가로지르는 연속성의 느낌을 준다.

이탈리아 풍경에 집착하는 화가 조르조 데 키리코(Giorgio de Chirico)는 이런 필요성을 입증하는 두드러진 사례다. 부모님은 조르조가 태어나기 얼마 전에 그리스로 이민을 갔고, 조르조는 자라면서 타향살이의 외로움을 배웠다. 어렸을 때 부모님은 자주 이사를 다녔는데, 그가 열여덟 살 때 아버지가 돌아가시자 어머니는 이탈리아로 돌아갔다. 그 후 그리스와 독일, 이탈리아, 프랑스를 전전하며 주변인으로 살던 조르조도 결국 이탈리아에 정착했다.

조르조는 어려서 느꼈던 어머니의 품처럼 온화하고 다정한 환경을 찾아 평생을 헤맨 것이다. 그의 그림 속에 여행과 이동(말, 기차, 그리고 철도역), 그리고 진정한 고향인 이탈리아의 풍경을 암시하는 요소가 가득한 것도 무리가 아니다. 「시인의 출발」, 「출발의 고뇌」, 「출발의 울적함」 같은 제목도 비슷한 얘기를 들려준다. 특히 마지막에 언급한 그림에서는 평생을 지배한 절절한 향수가 유난히 강렬하게 표출됐다.

something

하지만 대부분의 이민자들은 이런 재능을 타고나지 못했다. 그래서 그들은 고향을 기억하기 위해 양탄자나 조각상, 벽걸이, 장식용 접시, 침대커버 같은 물건을 수집한다. 떠나온 곳의 물건이면 뭐든지 상관없다. 이민자에게 집은 은신처가 되고, 익숙하지 못한 땅에서 이렇게 익숙한 사물들은 위로가 된다.

망명객이 사물과 맺는 관계는 사뭇 다르다. 자신의 의지에 반해 처벌을 피하고자 그 흔한 '행운의 환송식'조차 없이 고국을 떠나야 했기 때문에 망명자가 고국을 바라보는 마음엔 애증이 교차한다. 느닷없이 떠나야만 했던 나라에 대한 분노는 과거의 긍정적인 경험이나 애정을 거부한다. 배우자에게 배신당한 사람이 결혼생활의 행복했던 기억을 잊는 것과 마찬가지다. 더구나 고국으로 돌아갈 수 없는 현실은 새로운 환경에 동화하는 데 전념하게 만든다. 망명자에게 향수는 용납되지 않고, 과거의 물건도 별로 소용이 없다.

그러나 세월이 흐르면 '두고 온 고향'의 물건을 바라보는 이민자와 망명자의 태도가 자리를 바꾼다. 이민자는 향수어린 물건에 대해 예전만큼 열정적이지 않다. 새로운 나라에 익숙해지고 거기서 새로운 관계를 맺으며 시각과 취향이 변한다. 새로 정착한 나라의 물건에서 더 많은 즐거움을 누린다. 반면에 망명자는 오랜 세월, 심지어 수십 년이 흐른 뒤에야 고국의 풍경과 풍습과 그곳의 사물을 새삼 그리워하기도 한다. 만약 망명지에서 부를 일궜다면 과거에 대해 긍정적인 감정을 느끼고, 그로 인해 과거를 떠올리게 하는 사물에 대한 마음도 달라질지 모른다.

때로는 '옛 조국'과 인연을 재개하는 일이 다음 세대의 몫으로 넘어가기도 한다. 아버지가 나치 포로수용소에서 살아 돌아왔다는 솔 애커만은 얼마 전에 독일제 뻐꾸기시계를 샀다. 안식년을 맞아 하이델베르크에 갔다가 구입한 그 시계는 아름다운데다 효율적이었는데, 홀로코스트가 자행되기 한참 전의 독일에서 어린 시절을 보낸 아버지의 즐거운 추억을 솔이 (그리고 그를 통해 솔의 아버지가) 뒤늦게 인정했음을 의미했다. 솔은 그 시계가 히틀러 등장 이전의 디자인이라는 사실을 잊지 않고 강조했다. 새로운 물건을 구입한 아들은 이 같은 '대리' 향수를 통해 아버지에게 거부됐던 모국에 대한 사랑을 공표했다. 나이든 세대가 할 수 없었던 일을 젊은 세대가 하기도 한다.

죽은 이를 기리며

사랑하는 사람이 세상을 떠난 후에 남은 물건보다 그리움을 자극하는 건 없다. 죽은 이의 유품은 상실감을 가슴 아프게 일깨우지만, 떠난 이와 남은 이를 이어 줄 의미 있는 교량을 구축하는 데 중요한 역할을 하기도 한다. 그 다리는 시간과 세대의 골을 잇고, 궁극적으로는 삶의 가치를 높이는 목적으로 작용한다. 연인 알베르틴의 죽음에 대한 반응을 묘사한 프루스트의 글에서는 그 비통한 시기에 그리움을 자극하는 사물의 힘이 오롯이 느껴진다.

something

그녀의 방이, 침대가 온기를 잃어버린 그 방이, 그리고 그녀의 피아노와 자동차가 불현듯 떠오르면 온몸에서 힘이 빠지고 나는 눈을 감은 채 금방이라도 쓰러질 듯 머리를 떨군다⋯⋯. 나는 조심 또 조심하며 그 방으로 들어가 알베르틴의 의자와 그녀가 금빛 슬리퍼를 신고 페달을 누르던 피아놀라, 그녀가 사용했던, 그래서 추억이라는 은밀한 언어로 새롭게 번역되어 그녀가 떠났음을 형태를 바꿔 가며 되풀이해 말해 주는 물건들이 보이지 않는 곳에 자리를 잡는다.

믿을 수 없었던 처음의 고통이 지나가면 그제야 그녀가 떠나갔다는 현실을 직시할 수 있다. 그러면 망자의 물건은 세 가지로 분류된다. 내버릴 것, 누군가에게 줄 것, 그리고 기념으로 간직해서 대대손손 물려줄 것. 칫솔이나 속옷, 낡은 가재도구처럼 일상적인 물건은 첫 번째 항목에 해당된다. 잘 간수했던 옷이나 식기라면 두 번째일 것이고, 귀한 도자기나 보석, 값비싼 가구와 개인적인 의미가 있는 물건(일기나 편지, 우표수집, 친필원고)은 세 번째에 속한다.

이런 식으로 유품을 분류하는 것도 애도의 과정에서 중요한 부분이다. 일상적인 물건을 처리하는 게 가장 어려울 수도 있는데, 떠난 이의 자취가 가장 짙게 배어 있는 물건이기 때문이다. 어쩌면 죽음 그 자체보다 옷을 버리고 약상자를 비우는 게 떠난 이

어떤 것　　　　　　　　　　　　　　　　　　　　　　63

의 흔적을 더 철저히 지워 버리는 일 같다. 그래서 슬픔을 이기지 못한 사람들은 이런 물건들을 내버리기까지 몇 년이 걸리기도 한다. 그런가하면 서둘러 유품을 정리하는 사람들도 있다. 두 가지 모두 상실의 고통을 직시하는 게 얼마나 힘든 일인지 짐작할 수 있는 반응들이다. 물건을 서둘러 치우면 일반적으로 애도의 과정을 거치면서 서서히 잦아들기 마련인 이 고통도 그만큼 빨리 지나갈 것 같다. 반면에 물건을 오래 간직하는 건 고통을 유예하려는 태도다. 죽은 이가 남긴 물건을 처리하는 이런 태도들은 모두 상실감에 대처하는 괴로운 반응이다. 두 가지 모두 상실과 그로 인해 달라진 현실, 그것들이 흔들어대는 감정을 받아들이기가 얼마나 힘든지 말해 준다.

주디스 게스트의 소설『보통 사람들Ordinary People』은 십대의 아들이 사고로 죽은 후에 그로 인한 중압감을 견디지 못하고 와해되는 가족의 이야기인데, 여기서 죽은 아들의 방은 시간의 흐름 속에 '냉동 보존'된다. 몇 달이 흐르도록 그 방은 변하지 않는다. 아무 것도 옮기지 않고 하나도 버리지 않는다. 앤 타일러의『우연한 여행자The Accidental Tourist』에는 정반대의 상황이 나온다. 총기사고로 아들을 잃은 주인공은 아들의 물건을 전부 내버린다. 그리고 아내는 그런 남편을 비난한다.

에단이 죽었을 때 당신은 그 애의 옷장이며 서랍에 있던 걸 죄 내버렸어. 그 애를 하루라도 빨리 치워 버리려는 듯이. 지하실에 있던 목마랑 썰매랑 스케이트보드도 보는 사람마다 붙들고 가지라고 했지. 그러면서 사람들이 왜 그것들을 받으려 하지 않는지 이해하지 못 했어…… 당신의 태도를 보면 감정을 꽁꽁 싸놓은 것 같아. 그게 사랑인지 슬픔인지 뭔지는 모르겠지만, 하나도 달라지지 않은 채 슬그머니 이 상황을 지나가려고 애쓰는 것 같아.

셋째 항목에 해당되는 물건, 즉 유물로 남길 것들은 일반적인 유품과 '연결고리', 이렇게 두 가지의 서로 다른 방식으로 떠난 이와 우리를 이어준다. 일반적인 유품은 물려받은 걸 자랑하거나 현실적인 용도로 사용할 수 있다. 물려받은 사람의 마음속에서 그 물건과 망자의 관계는 차츰 희미해지고, 그 결과 물건을 소유하는 게 편안해진다. 예를 들어 돌아가신 할머니의 그릇을 물려받은 젊은 손녀딸은 저녁파티 때 그걸 사용하면서도 사랑했던 할머니를 기분 좋게 추억할 수 있다.

이렇듯 망자에 대한 사랑을 상징하는 물건이 있는가 하면 강렬한 애증을 담아내는 '연결고리'도 있다. 이런 물건은 타는 듯한 고통이나 불안 또는 두려움을 일깨운다. 고통과 불안이 너무 심한 나머지 그 '연결고리'를 눈에 띄지 않게 감추거나 일상적인 공간에서 치워 버리기도 한다. 이런 물건과 관련해서는 특유의 모호한 태도가 생겨난다. 한편으로는 그것이 자아내는 불편한 감정으로 인해 쳐다보거나 사용할 수 없다. 그렇다고 내버릴 수도 없는데, 그건 이전의 주인을 '죽이는' 것과 다름없기 때문이다. 결국 그 물건(이를테면 카메라나 손목시계)은 안전하게 보관되지만, 사용하는 일도 없고 눈에 띄지도 않는다. 그렇게 제법 오랜 기간 동안 그것의 존재를 무시하더라도 그게 어디 있는지는 항상 알고 있다. 말하자면 감정의 냉동 창고에 보관된 셈이다.

하지만 애도의 시간을 잘 견딜 경우 오래된 사물들은 망자와 남은 사람들 사이에 의미 있는 연속성이 확립되도록 도와준다. 시간의 간극을 넘어가는 다리가 되어 삶을 향상시킬 목적의식으로 작용한다. 저명한 정신분석가인 바미크 볼칸(Vamik Volkan)은 돌아가신 아버지의 일기장과 시민증을 보관하기로 했다. 이 두 가지는 키프로스 사람이라는 정체성을 키우고 아버지에 대한 애정을 간직하는 데에도 도움을 주었다. 아버지의 사진이 붙은 시민증에서는 섬나라 키프로스와 바미크 가족이 겪은 격랑과도 같은 역사가 고스란히 전해졌다. 그것을 소중히 간직하고 긍정적으로 받아들이는 태도(그는 시민증을 상담실 벽에 걸어두었다)는 정체성을 공고히 하고 아버지와의 끈을 이어가는 데 도움이 됐다.

저마다 정도의 차이는 있겠지만, 죽은 이가 남긴 물건이 우리에게 엄청난 힘을 발휘하는 건 분명하다. 거기에 상실의 아픔이 더해질 때도 있고, 유산의 자부심으로 채색되기도 한다. 그런 물건에 감정이 깃들지 않을 도리가 없다. 이것만큼은 확실하게 말할 수 있다.

something

드러나지 않는 것들

오래된 물건, 특히 환상의 영역에 존재하는 물건에 깃든 힘은 실재하는 걸까? 아니면 소속감이나 연속성의 필요로 인해 윤색된 것에 불과할까? 프랑스의 정신분석학자 다니엘 제샹(Daniel Geahchan)은 오래된 물건을 잃어버렸을 때 향수에 젖은 사람들이 찾는 건 잃어버린 물건이 아니라 잃어버리고 나서야 머릿속에서 이상적으로 변한 물건이라면서 "낡은 물건=향수"라는 공식을 해체하려한다. 잃어버린 물건을 찾는 건 실제가 아니라 마음속에서 일어난다. 그마저도 조금은 위선적인데, 향수에 젖은 사람들의 진정한 그리움은 과거를 돌아보며 만들어 낸 순수한 자아의 상태이기 때문이다. 그런 상태는 실제로 존재했던 적이 없으며, 전부 신기루에 불과하다.

제샹의 이런 주장이 옳다면, 우리가 노먼 록웰(Norman Rockwell)의 그림을 좋아하는 이유도 조금 달라지기 시작한다. 지금까지는 인심이 더 넉넉하고 시간이 천천히 흘렀던 시절, 세상살이가 각박하지 않았던 "좋았던 옛시절"을 떠올리게 해 주기 때문이라고 생각해 왔다. 그런데 이제는 그런 생각이 우리의 자기기만이었던 것처럼 보인다. 록웰의 그림을 보면서 솔직히 대답해 보자. 저런 이발소에 한 시간씩 앉아 있으면 정말 좋을까? 이발사하고는 무슨 얘기를 나눌까? 발치에서 조는 강아지가 그림에서처럼 순하지 않으면 어쩌지? 머리를 자르겠다고 의자에 앉은 저 꼬마가 천하의 말썽꾸러기가 아니라고 누가 장담할까?

그렇다면 할머니의 그릇은 어떨까? 아버지의 시계는? 남아 공의 빨간 우체통이나 우리 어머니의 축음기는? 이런 물건들이 소리치며 가리키는 것은 실제인가, 신기루인가? 아마 둘 다 조금 씩 섞여 있을 가능성이 높다. 향수어린 물건들은 감정적인 힘으로 사람을 현혹시킨다. 과거에 잃어버렸던 물건을 실제로 되찾을 경 우, 우리는 생각하는 것만큼의 만족감을 얻지 못한다. 향수어린 물건이 제공하는 위안은, 알고 보면 순간적이다. 향수의 매력은 계속되지만, 결국에는 순진한 환상에 우리를 묶어둔다.

그렇더라도 그 마법의 유혹은 강력하다. 유적과 회고의 문 화가 조성된 것도 그 때문이다. 노먼 록웰은 프랑스의 위대한 향 수를 반추하는 마르셀 프루스트부터 기발한 돈벌이 솜씨를 발휘 했던 뉴잉글랜드의 괴짜 월리스 너팅에 이르는 유구한 전통에 속 한 하나의 상징일 뿐이다.

월리스 너팅은 누구?

사생활을 지극히 중시했으면서도 시시콜콜한 자서전을 펴 냈으며 그 당시 최첨단의 매체를 이용해서 과거를 찬양했던 과거 애호가 월리스 너팅(1861~1941)은 20세기 초 미국 문화에 지워 지지 않을 자취를 남겼다. 코네티컷의 목사였던 그는 마흔세 살 에 설교단에서 내려와 낭만적으로 채색한 미국 역사를 주제로 강연과 저술 활동을 펼쳤다. 이윽고 복제 가구와 주물 장식 같은 것을 잔뜩 수집하더니 보통 사람들에게 식민지 시절의 옷을 입혀서 그걸 배경으로 사진을 찍었다. 이렇게 날조된 풍경은 '목가적인' 미국의 과거에 대한 관심과 향수를 자극하려는 의도였다.

유명한 목회자에서 향수팔이 세일즈맨으로 변신한 너팅은 엄청나게 많은 물건을 만들고 그만큼 성공을 거뒀다. 그는 목가적인 풍경과 고풍스런 집안의 사진을 500만 장 이상 찍었다. 사진에는 수작업으로 채색을 했는데, 처음엔 본인이 직접 하다가 나중에는 고향인 코네티컷 시골에 공장을 차리고 대규모 인원을 고용했다. 1920년대에 미국 중산층 집에서는(최소한 동부 해안쪽에서는) 너팅의 사진 한 장 걸어놓지 않은 집을 찾기 힘들었다.

과거를 이상적으로 꾸미는 작업에 매진하던 너팅은 연출 사진을 찍는 것에 만족하지 않았다. 사진 스튜디오로 쓰던 집과 소품을 처분한 그는 고가구를 만들어 파는 사업에 착수했다. 그런 다음에는 『아름다운 미국』이라는 제목의 책을 시리즈로 제작했는데, 여러 주의 이야기와 일화에 자신이 전국을 돌아다니며 찍고 수작업으로 채색한 사진을 곁들였다.

윌리스 너팅이 흥미로운 건 그가 예술가인 동시에 사기꾼이었고(모든 사진이 연출이었다는 점을 잊지 말 것) 외톨이이자 흥행사였으며 몽상가면서 장사꾼이었기 때문일 것이다. 무엇보다 그는 잃어버린 것의 가치를 부풀리고 지나간 시절의 관습을 이상시함으로써 보통 사람들의 여린 틈새를 파고드는 데 달인이었다.

그가 꾸며놓은 집을 보면 내 말이 무슨 뜻인지 이해할 수 있을 것이다. '옛날' 가구 외에 주목해야 할 점은 사진 속에서 여자들이 하고 있는 행동이다. 현실의 여자들이 참정권을 획득하고 교육의 기회를 추구하며 노동 인구로 흡수될 때 너팅은 요리하고 바느질하고 피아노를 치는, 간단히 말하자면 집이라는 울타리 안에 머무는 여자들의 사진을 세상에 내놓았다. 이렇게 묘사된 풍경 속에서 현실은 거부되고 이상시된 과거는 욕망의 대상이 되었다. 노먼 록웰이 사용한 바로 그 전략이며, 주의하지 않을 경우 추억의 물건들도 우리에게 똑같은 계략을 부릴 것이다.

낡은 물건의 새로운 활용

사진첩이나 집안의 가보, 심지어 흘러가는 시간이라는 블랙홀에 빠져 되찾을 수 없는 물건들조차 개인의 내력이나 문화적인 변천사와 우리를 연결 짓는 데 일조함으로써 우리의 인생에서 심리적으로 중요한 역할을 한다. 하지만 과도한 감상은 '지금 여기'에서 감정적으로 풍요로운 삶을 누리는 걸 방해한다. 이상화는 지향점을 제시하지 않고 신기루를 만들어 낸다.

일례로, 남아공 출신인 내 친구에게 빨간 우체통은 처음 그걸 봤던 동네와 요하네스버그에서 사는 동안 썼던 편지를 생각하게 하는 매개체다. 누구에게 보냈던 편지였을까? 그들과 그는 어떤 관계였을까? 무슨 내용을 전했으며 어떤 대답을 기대했을까?

something

무엇보다, 그 편지를 받았던 사람들은 지금 어디에 있을까? 그들과 그의 관계는 어떻게 변했고, 어째서 그렇게 됐을까? 향수어린 물건은 실질적인 용도보다 자기 성찰을 심화하는 계기로서 더 유용하다. 이럴 경우 그 물건들은 심리적으로 중요한 역할, 즉 우리가 놓쳤던 과거의 측면들, 그리고 그 시간을 함께 보냈던 사람들의 깊은 내면과 우리를 이어주는 역할을 담당하게 된다. '낡은 물건'이 좋은 건 본래 훌륭해서가 아니라 이 같은 심리적인 가치와 유용성 때문이다.

다시 축음기로 돌아가서

그것은 크고 갈색이고 만지면 따뜻했다.

그걸 생각하고, 어머니와 내게 미친 그것의 잠재적 의미를 따져보면 태어나서 스무 살까지의 내 인생을 좀 더 잘 이해할 수 있다. 그 시절에 가졌던 감정의 결을 더 온전히 느끼고 그 느낌을 지금의 삶에 반영할 수 있다. 그러므로 그 축음기(물론 내 기억 속에 남아 있는 모습)에게서 내가 얻는 심리적인 혜택은 상당하다. 그것은 내게 어머니를 떠올리게 하고, 어머니와 함께 보냈던 즐거운 추억을 일깨워 준다. 축음기는 내게 힘을 주고, 그건 지극히 당연하다.

하지만 어쩌다 한번씩 끔찍한 의문이 내 마음을 괴롭힌다. 나도 그 축음기를 잃어버리는 데 본의 아니게 일조한 건 아닐까?

하필 집을 떠나기 직전에 수리를 맡겼다는 건 축음기를 없애려는 무의식적인 시도가 아니었을까? 어머니가 돌아가신 후로 10년 동안 그걸 간수하느라 지쳤던 건 아닐까? 생각만으로도 가슴 아프고 당혹스러운 의문이지만 직시해 볼 필요가 있다. 축음기는 어머니와 나를 이어 주는 다정한 연결고리인 동시에 어머니가 남긴 빈자리를 끝없이 일깨워 주는 고통스런 물건이기도 했다. 나는 혹시 그걸 '잃어버림'으로써 슬픔도 함께 내버리길 바랐던 건 아닐까?

이제는 마침내 현실에서 그 축음기를 놓아버릴 수 있겠다는 생각이 든다. 상상 속의 축음기도 예전만큼 매력적이지 않다. 그런데도 여전히 뭔가 나를 잡아당긴다. 어떻게 해야 할까? 그 축음기를 다시 한번 찾아볼까? 나는 그 열망에 저항하지만, 가끔은 결심이 약해지기도 한다. 그 열망의 순진한 고집에 홀려 결심이 녹아내린다.

다음에 인도에 가게 되면, 이번에는 혹시…….

something

신성한 것들

우리는 만족하는 동시에 부족함을 느낀다.
그리고 그런 느낌을 사랑한다.

SACRED
THINGS

강의실이 꽉 찼다.

거의 300명 가까운 학생들이 무모한 낙관주의의 위험에 대한 내 강의를 들으러 왔다. 약간의 포기도 희망만큼이나 인생의 본질적인 요소라는 내 주장이 흥미로운 눈치다. 희망이 없으면 역경에 굴하지 않고 전진할 수 있는 능력이 파괴된다. 그러나 포기하지 않으면 비현실적인 꿈에 매달리게 된다. 학생들이 강의에 몰입하고, 나 역시 외줄타기 곡예사처럼 집중한다. 한 번에 한 걸음씩 차근차근 이야기를 풀어 간다.

그러다 느닷없이 모든 게 와르르 무너져 내린다.

맨 앞줄에 앉아 책 몇 권을 바닥에 놓고 그 위에 발을 얹은 남학생이 눈에 띈다. 그 모습에 구역질이 날 지경이다. 생각의 흐름이 끊어지고, 더 이상 강의를 매끄럽게 진행할 수 없다. 책 위에 발을, 그것도 신발을 신은 채 얹어놓은 모습은 나를 너무나 심란하게 만든다. 강의는 계속하지만 마음이 두 갈래로 갈라진다. 한쪽에서는 이렇게 말한다. "무시해. 그리고 하던 얘기나 계속해." 하지만 마음 한쪽에서는 분을 삭이지 못한다. 그러면서 그 청년에게 이렇게 말하라고 다그친다. "자네는 책이 신성하다는 걸 모르나?"

하지만 과연 그런가? 부모님은 글을 쓰셨고 할아버지는 신심이 두텁고 알-레-키타압, 즉 식자(識者)를 우러러봤던 집안의 영향 때문인지 나는 어려서부터 책을 신성시했다. 우리 집에서는 사실상 글이 인쇄된 종이라면 전단지와 신문, 편지를 가리지 않

something

고 전부 신성하게 여겼다. 그걸 바닥에 내려놓고 그 위에 발을 올려놓는 걸 '죄'라고는 할 수 없더라도 대단히 무례한 행동으로 여겼다. 그런 가정교육을 받고 자란 탓에 나는 평생 책을 숭배하는 마음을 갖게 되었다. 나는 책이 신성하다고 생각한다. 하지만 이 맥락에서 '신성'이라는 말을 사용하는 것에 의문을 제기할 사람도 있을지 모른다. 그렇다면 일단 용어를 명확히 정의하는 것부터 시작해 보자.

신성하다는 건 무슨 뜻인가?

뭔가를 신성(神性)하게 여긴다는 건 그걸 '신처럼 거룩하고 성스럽게' 생각한다는 뜻이다. 보태고 뺄 것 없이 명백해 보인다. 그러나 신성한 물건을 대하는 우리의 감정은 훨씬 복잡하다. 그렇기 때문에 신성함의 게슈탈트로 통합된 느낌들을 좀 더 면밀히 살펴볼 필요가 있다. 그런 요소로는 네 가지가 있다.

◇ 경의(Reverence): 무엇보다 앞서, 신성한 물건은 고귀한 물건이다. 우리는 그 물건들을 우리 자신보다 더 귀하게 여긴다. 그 물건들은 완전히 다른 차원에 속한다고 느낀다. 단조롭고 세속적인 존재인 우리와 달리, 신성한 물건은 숭고하고 초월적인 가치를 지닌다. 이런 물건 앞에서 우리는 겸허함을 느낀다. 그 물건에 더 높은 권능을 불어넣고 변화의 잠재력을 부여한다. 우리

는 마음속으로 그 앞에 엎드려 절하며 그것이 발휘하는 매혹적인 힘을 만끽한다.

◇ 제약(Circumscription): 신성한 물건의 두 번째 특징은 사용하거나 접촉하는 것에 엄격한 제한과 제약이 따른다는 점이다. 이런 물건들이 우리의 일상에서 차지하는 위치나 기능하는 방식에는 온갖 종류의 규율과 의식이 결부된다. 실제로, 신성하다는 뜻을 가진 헤브루어 '카도시'는 '분리하다'는 뜻의 동사 '카디시'에서 유래됐다. 그러므로 신성한 물건은 주변의 범속한 것들로부터 분리된 것인데, 이는 단지 은유적 차원에 국한되지 않는다. 기독교의 교회, 유대교의 회당, 회교의 사원, 그리고 불교의 사찰은 신성한 물건을 간직할 공간을 구축하기 위해 인류가 기울인 노력의 산물이다. 심지어 집에서도 신성한 물건을 놓기 위한 특별한 장소를 따로 마련하고, 신성하지 않은 것은 그 자리에 놓일 수 없다.

시애틀의 변기회사에서 코끼리 머리를 한 힌두교의 신 가네샤를 변기 뚜껑에 새겨 넣었을 때 미국내 힌두교도들이 얼마나 참담한 심정이었는지만 봐도 잘 알 수 있다. 그런가 하면 오줌을 채운 항아리에 십자가를 꽂고 「오줌 예수」라는 제목을 붙인 작품이 브루클린 미술관에 전시됐을 때는 뉴욕의 가톨릭신자들이 거세게 항의했다. 꼭 이렇게 과격한 사례가 아니더라도, 신성한 물건을 '적절하지' 않은 장소에 놓는 것은 용납하기 힘들다. 십자가나 메주자[유대인이 성경 구절이 적힌 양피지를 담아 현관에 걸어 두는 함]가 스트립클럽 입구에 걸려 있다고 상상해 보면 단번에 내 말뜻을 이

something

해할 수 있을 것이다. 신성함을 상징하는 물건은 그에 합당한 대접을 요구한다. 위스키 병에 알라-오-아크바("신은 위대하다") 기도문을 암송하는 아랍인을 그려 넣거나, 돼지고기 소시지 로고로 다윗의 별을 사용한다면 각각의 상징을 신성시하는 신도들의 거센 반발을 초래할 것이다.

◇ 신격(Divinity): 신성한 물건은 통상적으로 신에 대한 믿음과 결부된다. (신앙이 없는 사람들이 개인적으로 '신성'시하는 물건에 대해서는 나중에 따로 언급하겠다.) 사전적 정의부터 세계적으로 수십 억 명에 달하는 종교 인구의 예배 활동에 이르기까지, 이 말은 종교와 밀접하게 얽혀 있다. 물론 국기와 각종 정치적인 상징도 그에 못지않게 강력한 감정을 자아낸다. 하지만 신성한 물건을 숭배하고 제약을 가하는 건 아무래도 종교의 영역에서 가장 두드러진다. 바실리카 양식으로 건축한 성베드로 성당의 기독교인이나, 통곡의 벽 옆에 선 유대교인, 그리고 메카 성지순례 길에 카아바 신전[메카의 금사(禁寺) 안에 있는 석전으로 일명 '알라의 집'이라고도 하는 이슬람 최고의 성역]을 바라보는 이슬람교도에게 물어보면 그저 벽돌과 회반죽으로 만들었을 뿐인 그것들이 이들의 마음속에서는 신 자체와 거의 동일시된다는 사실을 확인할 수 있다.

◇ 믿음(Faith): 뭔가를 신성시하는 감정의 마지막 네 번째 요소는 믿음이다. 이는 그 물건이 일반적인 논리의 규칙에서 자유롭다는 사실의 진실성을 믿어 의심치 않는다는 뜻이다. 예를 들어, 독실한 힌두교도는 고대 서사시인 「라마야나」에 등장하며 널

리 숭배받는 원숭이 신 하누만의 존재에 의문을 제기하지 않는다. 신심이 깊은 이슬람교도는 모하메드를 태우고 하룻밤 사이에 메카에서 예루살렘으로 날아갔다는 천마(天馬) 부라크를 당연하게 여긴다. 독실한 가톨릭 신자는 처녀잉태를 의심하지 않고, 정통파 유대교도는 중동지역을 신이 자신들에게 내린 땅이라고 여긴다. 이런 믿음은 굳건하며, 논리적으로 따져볼 여지를 허용하지 않는다. 의구심을 버리는 것이 숭배의 전제조건이다.

우상숭배

　피상적으로만 살펴보면, 우상숭배의 문제는 명명백백하다. 유대-기독교와 이슬람에서는 우상숭배를 금하지만, 유대교 이전의 다신교나 마야문명, 힌두교, 그리고 세계 도처에 흩어져 있는 '원시적'인 사람들은 지금도 그걸 허용하거나, 심지어 찬양한다. 하지만 조금 깊이 들여다보면 이런 단순한 사고가 흔들린다. 사실 모든 종교의 예배의식에는 귀하게 숭상하는 물건이 동원된다. 가톨릭은 특히 우상숭배의 비난에서 자유롭지 못한데 성인을 묘사한 그림으로 성당을 치장하는 경우가 잦기 때문이다. 영성체에서 성체를 받거나 바르 미츠바[소년의 종교적 성년을 기념하는 유대인의 종교의례이자 가정축하의식]에서 토라[유대교의 율법]를 펼쳐드는 행위를 보면 유대-기독교의 의식에 깊이 뿌리내린 신성한 물건의 역할을 잘 말해 준다. 같은 맥락에서 조금 흔한 예로는 기독교의 십자가, 유대교의 아홉가지촛대를 들 수 있다. 이슬람교에는 초승달이라는 그들만의 상징이 있고, 힌두교의 우상과 상징의 진용은 사뭇 장대하기까지 하다. 흥미로운 점은 우상숭배라며 힌두교를 비웃는 이슬람교도들도 메카로 성지 순례를 떠나면 돌에 입을 맞추거나 돌멩이를 던지는 등, 우상숭배의 의심이 가는 다양한 의식을 치른다는 사실이다.

그러므로 이 문제는 결코 간단치 않다. 유대-기독교와 이슬람교의 전통에는 이렇게 '우상숭배'의 의심이 가는 의식이 자리잡고 있다. 그런가 하면 생각이 깊은 대부분의 힌두교도들은 이런 우상을 단지 물화(物化)를 초월한 무정형의 궁극적인 신에게 나아가는 정거장으로 여긴다. 실제로 물질적인 우상의 도움을 완전히 배제한 채 신을 섬기는 힌두교도들(니란카아리스)도 많다.

하지만 대체로 예배의식의 과정에서 상징적인 물건이나 신상을 사용하는 관행은 일반적이다. 서로 타종교의 지엽적인 요소를 중심에 놓고 비난하는 경향이 있기는 해도, 이는 사실 모든 종교에서 찾아볼 수 있는 현상이다. 내가 생각하기에 이 맥락에서 '우상'이라는 표현을 지나치게 문자 그대로 해석하는 것이 오히려 더 큰 문제일 것 같다. 그럴 경우 신을 섬기는 곳에 신의 형상이나 그림만 가져다 놓아도 '우상숭배자'로 간주되고 그러지 않으면 '혐의'를 벗는다. 하지만 이는 피상적인 사고방식이다. 내가 생각하는 우상숭배는 초월성이나 신성이 결여된, 영성을 획득하지 못한 범속적인 신을 섬기는 행위다. 세상에 대한 일체감을 자아내는 대신, 이런 믿음은 편협한 이해타산에서 벗어나지 못한다. 돈을 떠받들고 경제적인 이익을 무엇보다 우선시하는 사람의 예를 들어보자. 그의 시각에서 보면 부자는 좋은 사람이고, 가난하면 나쁜 사람이다. 돈을 제외하고 그 사람들이 지녔거나 지니지 않은 특징들은 전혀 상관이 없다. 바로 이런 게 내가 정의하는 우상숭배에 해당되는데, 초월성을 나르시시즘으로 대체했기 때문이다. 자아(自我)가 신의 자리를 차지하고, 우상이 된 것이다. 명예를 숭배하는 사람, 권력을 숭배하는 사람도 마찬가지다. 결국 우상숭배는 사물보다는 가치체계의 타락과 상관이 있다는 걸 알 수 있다. 그러나 이게 전부가 아니다. 신성한 사물들의 성소(聖所)를 거닐다 보면 또 다른 미스터리에 봉착하게 되는데, 그중에서도 가장 큰 미스터리는 '신성'한 것과 '불경'한 것을 가르는 잣대이다.

신성함 vs. 불경함

세상 만물을 신이 창조했다면 모든 것이 신성해야 마땅하지 않은가? 신성한 사물이라는 개념과 관련해서 가장 중요한 문제는 바로 이것이다. 그리고 그에 따른 추론으로 이런 질문이 나올 수 있다. 세상의 모든 만물이 신성하다면 뭔가를, 그게 어떤 것이든, 신성하다고 말하는 게 무슨 의미가 있을까. 우리의 마음을 어지럽히는 궁금증은 여기서 끝나지 않는다. 앞에서 제기한 의문을 고려했을 때, 만약 모든 게 신성하다면 세상에 불경한 건 없다는

something

얘기일까? 그렇다면 '신성하다'는 개념은 무엇이며, 그것의 실질적인 용도는 또 무엇인가? 어쨌거나 침묵이 없다면 소리가 없고 어둠이 없으면 빛도 없는 법이다. 마른 게 없다면 젖은 것을 어찌 구분할 것이며 삶이 없다면 죽음 또한 있을 수 없다. 이분법은 양극의 존재에 의존한다. 그러므로 뭔가를 '신성하지 않다'거나 '범속하다,' 또는 '불경하다'고 손가락질(최소한 암시적으로라도)하지 않고서는 어떤 것을 '신성하다'고 말할 수 없다.

신성과 불경의 어원도 이런 식의 사고를 뒷받침한다. 신성하다는 뜻의 영어 'sacred'는 '봉헌한다'는 뜻을 지닌 라틴어 사크렌(sacren), 그리고 '유사하다'는 뜻의 사크라레(sacrare)에서 유래되었다. 그러므로 신성하다는 건 우주와 우리를 연결하고, 자기중심적인 태도를 초월할 수 있게 도와주는 뭔가를 의미한다. 여기에는 영적이고 종교적인 함의가 담겨 있다. 반면에 불경하다는 뜻의 영어 'profane'은 '앞'이라는 의미인 프로(pro)와 사원이라는 뜻의 파눔(fanum)이 합쳐진 말로, 정리하자면 사원 밖에 남겨진 뭔가를 의미한다. 여기서 신성함을 가르는 선이 그어지고, 경계가 형성된다. 신성한 것은 안에 있고 불경한 것은 밖에 놓인다.

이런 시각은 어떤 면에서는 개념을 명확하게 정리해 주지만, 한편으로 미진한 면이 남는다. 신성한 물건을 신과의 연결고리로 상정하고 불경한 물건은 그런 힘을 갖지 못했다고 보는 시각인데, 이 역시 신이 모든 것을 창조했다면 어째서 그중에 몇몇 사물은 불경해진 건지, 그 수수께끼는 설명하지 못한다.

무신론자의 시각에서 보면 문제는 더 복잡해진다. 무신론자는 그야말로 신의 존재를 믿지 않는 사람이다. 이들에게 우주의 탄생과 인간의 진화는 온전히 과학의 영역이다. 과학의 영역에 남아 있는 미스터리에 대해서는 경외심을 느낄 수 있지만, 그렇다고 해서 뭔가를 신성하다거나 불경하다고 여길 필요는 없다. 사물은 그저 그 자체일 뿐이다. 누군가 그 사물에 종교적인 주문을 덧씌웠다고 해서, 존재하지도 않는 신과 그 사물이 더 가까워지는 건 아니다. 더구나 한 집단에서 신성시하는 것이 다른 집단에서는 그렇지 않다는 사실은 신성한 물건이 결국 개인적인 위안과 집단의 결집을 위해 인간이 만들어 낸 수단임을 확인해 준다. 그런 물건들은 감정적, 사회적, 그리고 정치적인 목적에 이바지한다. 그 물건들은 신이 내리지 않았으며 본래부터 신성함이 내재되어 있는 게 아니다.

이렇듯 신앙의 유무에 따라 정반대의 방향에서 신성/불경의 이분법에 접근한다는 걸 알 수 있다. 신을 믿는 사람에게 어떤 물건이 신성한 까닭은 궁극의 신과 초월적인 합일에 이르는 물질적인 다리 역할을 해 주기 때문이다. 그러나 신을 믿지 않는다면 이런 분류 자체가 애초에 잘못된 생각, 즉 신이 존재한다는 그릇된 근거에서 비롯됐을 뿐이다. 양 극단에 놓인 두 입장은 타협점을 찾기 힘들다. 하지만 무신론자도 나름대로 높이 우러르며 존중하는 물건을 가질 수 있다면, 그 지점에서 양 극단의 조화 가능성이 출현한다. 내 친구이자 정신분석학자인 데이비드 롱은 지그

something

문트 프로이트가 약 80년 전에 쓴 자필 편지 한 통을 소유하고 있다. 데이비드는 그 편지를 지극정성으로 다룰 뿐 아니라, 그걸 소유하고 있다는 사실에 무한한 자긍심을 느낀다. 누군가에게 편지를 보여줄 때마다 번번이 존경과 겸양을 넘어 거의 외경심을 느낀다. 그 정도라면 데이비드에게는 그 편지가 '신성한' 물건이라고 해도 옳지 않을까. 누군가는 그렇다고 고개를 끄덕일 수도 있지만, 그런 표현을 쓰기엔 적절치 않다고 말하는 사람도 있을 것이다. 그렇다면 결국 이것은 의미론과 관습의 문제처럼 보이고, 지금으로서는 신성하다는 말에 함축된 영적, 종교적 함의가 우세하다고 볼 수 있을 것 같다.

신성함과 역사

앞에서 말한 친구가 프로이트의 자필 편지와 사랑을 나눈다는 사실은 아끼는 물건과 그 물건에 깃든 역사 사이에 상관관계가 있을 때가 많다는 걸 보여 준다. 그런데 신성한 물건도 마찬가지일까? 대답은 긍정적인 쪽으로 기우는 듯하다. 어떤 사물이 대단히 종교적인 장소나 인물과 실질적, 또는 신화적인 차원에서 관련이 있을 경우, 그 사실은 그 물건을 신성하게 만드는 데 큰 역할을 한다.

기독교도들이 예수의 얼굴 형상이 찍혀 나온 튜린의 수의를 대하는 경배심만 봐도 잘 알 수 있다. 이슬람교도들이 무-에-

무바락, 즉 모하메드의 머리카락(또는 수염)에 대해 갖는 마음도 다르지 않다. 지체 높은 이슬람 성직자 가문에서 그것을 보유하고 있다고 하며, 인도 카시미르 지방에 있는 하즈랏 발이라는 작은 마을의 모스크에도 한 올이 보관되어 있다. 인도는 힌두교의 발상지이기도 하기 때문에, 거룩한 성인이나 아바타(특정한 신의 현신)와 관련된 유적지도 수없이 많다. 예를 들어, 크리슈나와 라마 신의 탄생지로 알려진 마투라와 아요디아 같은 마을은 힌두교의 성지로 간주된다.

이런 상황이 별나다고 생각된다면 예루살렘의 구도시를 떠올려 보라. 그곳에는 1제곱킬로미터 안에 유대교와 기독교, 그리고 이슬람교의 성전까지 두루 포진해 있다. 가장 대표적인 곳으로는 서쪽벽과 예언자 엘리야 회당과 유대교의 랍비이자 이스라엘의 대지도자였던 요하난 벤 자카이의 무덤 같은 유대교 성지, 예수가 재판을 받고 십자가에 못 박히기 위해 걸어갔다는 비아 돌로로사 거리나 예수가 부활했다는 성묘 교회와 세인트 앤 교회 같은 기독교 성지, '사원의 산'이라는 뜻을 가진 하람-알-샤리프와 바위의 돔, 그리고 알-아크사 같은 이슬람 성지 등이 있다. 전반적으로 구도시 전역에는 세계적인 세 가지 종교의 역사가 가득하다. 그곳에 존엄성과 신성함을 부여하는 것은 바로 이런 역사적인 의미이다. 냉소적인 사람이라면 이 시점에서 유대교나 기독교, 또는 이슬람교가 태동하기 전에도 예루살렘이 신성한 곳이었냐고 물을지도 모른다. 만약 그렇지 않다면 '신성 이전(以前)'의 도심

something

은 지리적, 또는 개념적인 차원에서 위상을 지속할 수 있을까? 중요한 건 신성의 여부, 또는 이 경우처럼 '신성 이전'이 인위적인 개념이라는 사실이다. 특정한 지역, 더 나아가 특정한 사물을 신성하게 만드는 본질적인 특징 같은 건 없다. 다만 우리가 심리적인 필요를 위해 그런 특징을 부여하는 것뿐이다. 그렇기 때문에 그런 상징을 필요로 하는 사람들은 그걸 굳건히 받아들인다. 누가 그런 태도의 진실성에 의문을 제기하면 그들은 불쾌해한다. 반면 '신성한' 사물의 감정적인 필요성이 덜한 사람들은 그런 질문을 접하더라도 대범하게 받아들인다. 심지어 그런 딜레마를 창의적인 작업이나 장난에 활용하기도 한다. 이슬람 사회의 반발을 샀던 살만 루시디의 논란의 책『악마의 시』가 바로 그런 경우였다.

신성함과 아름다움

신성함과 아름다움의 관계는 복잡하다. 일단, 아름다움의 정의를 내리는 것부터 쉬운 일이 아니다. 하지만 일반적으로 시각적인 즐거움을 주는 것을 아름답다고 칭하며, 시각적 즐거움은 일정한 균형과 조화에서 기인한다. 아름다운 물건(이를테면 웅장한 괘종시계, 섬세한 무늬의 양탄자, 날렵하게 디자인한 자동차, 세련된 디지털카메라)은 마음을 달래는 요소와 흥분시키는 감각을 최적의 비율로 제공한다. 어린 시절의 순수한 경이로움을 은근히 일깨우며 눈을 즐겁게 하고, 내면에 자리 잡은 환상의 세계를 두드려서 상상력을 자극한다. 우리는 만족하는 동시에 부족함을 느낀다. 그리고 그런 느낌을 사랑한다.

하지만 이런 것들이 신성한 물건과 무슨 상관이란 말인가? 보편적으로 신성한 물건은 본래 아름답다는 인식이 있는 것 같다. 그리고 대체로 그건 사실이다. 하지만 왜 그럴까? 어쩌면 그런 물건들이 자아내는 경외심이 그걸 바라보는 우리의 시선을 채색하기 때문인지도 모른다. 또는, 신이 아름답다고 전제했기 때문에 신에게 나아가는 통로인 신성한 물건까지 저절로 아름답게 보이는 것일지도 모른다. 더구나 세상 만물이 신의 창조물이라고 믿는다면 모든 것, 면도날과 셔츠와 책상, 우편함, 엘리베이터까지 전부 완전하고 조화로워 보이기 시작한다. 온 세상이 아름다운 사물이 된다. 관습적으로 추하다고 여겨질 수 있는 것들마저도 이런 시각을 적용하면 관습의 굴레를 벗어나 아름다워 보일 수 있다.

이런 종류의 개념은 양쪽으로 작동한다. 다시 말해서, 신성한 물건이 본래 아름다운 것처럼 보일뿐만 아니라 아름다운 물건은 본래부터 신성하다고 여겨질 수도 있다. 어쨌거나 아름다움을 성취했다는 건 인간이나 자연이 일종의 유기적인 조화를 창출해냈다는 증거이기 때문이다. 신을 섬기는 사람에게 이건 신성한 체험의 근간이 되는 신과의 합일을 뜻하는 것으로 해석될 수 있다. 요즘 사람들은 멋진 여자를 가리켜 '여신'이라고 일컫는 모양이던데, 내가 여기서 전달하려는 의미의 정수를 포착한 표현 같다.

something

예배의 공간에서 아름다움과 신성함은 다시 조우한다. 압도적인 장엄함부터 부드럽게 속삭이는 듯한 우아함에 이르기까지, 신께 봉헌하는 건물에는 심미적인 고려가 빠지지 않는다. 교회나 회당, 모스크, 사찰이 그 나라에서 가장 아름다운 건축인 경우가 많다. 시스티나 성당의 천장을 장식한 미켈란젤로의 그림부터 인도 카주라호[세계문화유산으로 지정된 인도의 사원으로 성을 적나라하게 표현한 관능적인 조각이 유명함]의 육감적인 조각, 그리고 아시아 여러 나라의 섬세한 불교 사원과 정교하기 이를 데 없는 이슬람의 기도용 양탄자에 이르기까지 미적인 성취와 예배는 불가분의 관계처럼 보인다.

이는 우리에게 뭘 말해 줄까? 이런 미화(美化)에는 절대자에 대한 경의가 반영된 걸까, 아니면 확신에 대한 불안을 드러내는 걸까? 신이 덜 화려한 곳에 '머문다'면 신을 경배하는 마음이 줄어들까? 종교적인 공간을 아름답게 장식하는 건 일종의 홍보 전략일까? "공간을 거부할 수 없을 만큼 아름답게 만들면 사람들은 저절로 찾아올 것"이라고 믿는 걸까? 그런 장소를 아름답게 꾸미는 이유가 그곳을 찾은 사람들에게 평온을 주기 위해서일 수도 있다. "그래, 사는 게 그렇게 나쁜 것만은 아니야." 이런 위안의 말을 건네려는 것처럼 보이기도 한다. 그리고 일단 밝고 긍정적인 기분이 되면 성직자의 설교에도 마음을 더 활짝 열게 된다. 무신론자의 표현을 빌리자면, 최면에 걸리고 세뇌당할 준비를 갖추는 것이다. 이런 설명은 예배 장소를 공들여 꾸미는 이유로는 타당할지 몰라도, 종교의 본래적인 힘에 대한 설득력은 갖지 못한다.

그래도 공정을 기하려면, 기성종교들이 갖는 미적인 조화와 질서는 인정해야 하다. 이런 종교의 사제들은 허세나 과시를 멀리한다. 소박한 생활을 하고, 예배의 장소를 짓더라도 흔히 믿음의 찻잔에 집어넣는 각설탕같은 아름다움을 지나치게 추가하는 것도 피한다. 인위적인 아름다움이나 신성함에서 벗어난 이런 태도가 신을 '더' 경배하는 걸까? 아니면 신이 우리에게 부여한 아름다운 사물을 만드는 능력을 거부하는 걸까? 하지만 이게 대체 다무슨 의미일까?

처음의 고민: 책은 신성한가?

강의실 앞줄에 앉아 책에 발을 올려놓았던 한 남학생을 보고 내가 속으로 격분했던 걸 기억할 것이다. 이제 신성한 물건에 대한 논의를 마무리할 때가 됐으니, 내가 그 남학생에게 책에서 발을 내려놓으라고 했을지 궁금해할 독자가 있을지도 모르겠다. 결론부터 말하자면, 그랬다. 그렇게 하지 않고서는 도저히 평온한 마음으로 강의를 계속할 수가 없었다. 내게 책은 신성한 물건이고, 이런 말을 써도 될지 모르겠지만, 그렇게 무례하게 책을 대하는 남학생의 태도에 나는 '꼭지가 돌' 정도로 신경이 쓰였다.

그런데 그 일이 있고 몇 년이 흐르는 동안 그 문제를 좀 더 깊이 생각해 보게 됐다. 지금 돌이켜보면 신성한 것과 그렇지 않

something

은 것에 대한 잣대를 너무 융통성 없이 적용했다는 생각이 든다. 지금도 누가 신문이나 잡지를 밟으면 마음이 불편하지만 예전만큼 심하게 진저리를 치지는 않는다. 아무래도 이런 변화는 여러 요인이 작용한 결과일 테고, 지속적인 성찰과 나이가 그중 가장 두드러진 요인일 것이다. 비꼬는 것처럼 들릴지 모르겠지만 쓸모없는 책을 많이 접한 것도 도움이 됐다. 그리고 이번엔 농담이 아니라, 킴벌리 베스트라는 젊은 친구가 슬며시 찔러준 덕분에 기존의 태도를 조금은 부드럽게 완화할 수 있었다. 독실한 신자인 킴벌리는 내가 믿는 가치 자체는 훌륭할지 몰라도 융통성 없이 완고한 태도는 그렇지 않다는 걸 일깨워주었다. 그녀가 내게 선물로 준 성경책에는 이런 글이 적혀 있었다.

다른 책을 전부 신성시하더라도 이 책만큼은 그러지 마세요. 선생님을 위해 특별히 견고하고 튼튼한 성경책을 골랐답니다. 이건 그야말로 참고 견디기 위해 만들어진 책이거든요. 여백에 메모도 하고, 자동차 뒷좌석에 휙 던져 놓기도 하고, 그러다 낡고 헤지면 새로 사세요. 이 책에 담긴 내용은 신성하지만, 책 자체는 그렇지 않으니까요!

성적인 것들

남자들이 섹시하다고 생각하는 물건은
여자들의 옷장에 있고
여자들이 그렇다고 생각하는 물건 역시
바로 그곳에 있다.

SEXY
THINGS

열일곱 소년이 됐다고 상상해 보자.

고등학교 2학년이고, 일주일에 한 시간씩 미술 수업을 받는다. 미술을 가르치는 에디 테너라는 여자 선생님은 40대 중반 정도의 나이에, 육감적인 입술과 커다란 갈색 눈동자가 어우러진 얼굴이 무척 예쁘다. 머리를 쓸어 넘길 때면 다이아몬드 귀걸이가 반짝거린다. 치마와 블라우스를 즐겨 입는데, 옷깃 틈새로 우윳빛 어깨가 언뜻언뜻 보인다. 목에는 우아한 진주 목걸이를 했고, 숨을 쉴 때마다 둥글고 풍만한 가슴이 단아하게 오르내린다. 어쩌다 블라우스 밑으로 젖꼭지의 희미한 윤곽이 얼핏 보이기도 한다. 단정한 머리에서는 방금 샤워를 하고 나온 것처럼 좋은 냄새가 난다.

선생님이 옆으로 다가와서 과제를 잘 진행하는지 살피기라도 할라치면 가슴이 콩닥거리기 시작한다. 입술이 바짝바짝 마르고, 몸에는 불이라도 붙은 것 같다. 선생님의 벗은 몸이 어른거리기 시작한다. 와락 달려들어 선생님을 감싸 안고 우악스럽게 옷을 벗긴 후 사랑을 나누고 싶다. 아니, 아니. '사랑을 나눈다'는 표현은 이 상황에 맞지 않는다. 여기서는 올라타고 싶다는 말이 더 어울린다. 거칠게 올라타고 싶다. 이런. 어느새 거기가 사물함에 넣어둔 야구방망이만큼이나 단단해졌다. 발기를 들키지 않기 위해 충동을 애써 억누른다. 조금만 참으면 화장실에서 용두질을 칠 수 있다는 생각이 조금이나마 침착함을 유지하는 데 도움이 된다.

이건 또 무슨 상황일까?

방금 묘사한 상황은 단순히 건강한 십대의 몸에서 날뛰는 성호르몬의 작용에 불과할까? 이런 종류의 욕정은 순전히 생식선과 뇌의 시상하부에서 내린 명령일 뿐일까? 그게 아니라면, 심리적인 설명도 곁들일 필요가 있을까? 아무튼 이건 성인의 문턱에 서 있는 신체 건강한 소년과 아름다운 '연상'의 여인, 보이지는 않지만 분명히 존재하는 그녀의 남편, 그리고 사회적으로 구축된 선을 가로지르는 욕망의 문제이다. 케케묵은 오이디푸스 콤플렉스가 다시 작동할 조건도 무르익었다. 무슨 말인고 하니, 프로이트가 유년기에 나타난다고 했던 현상(아들이 어머니에 대해 느끼지만 아버지를 두려워하고 또 사랑하기 때문에 단념하는 욕망)이 청소년기에 다시 발동한 것인데, 다만 이번에는 가족이 아닌 외부의 인물이 주요 배역을 맡은 것이다. 앞서 언급했던 호르몬처럼 이번 설명도 그럴듯하지만 어딘가 미진하다.

두 가지 모두 가능성이라는 화폭을 충분히 활용하지 못하고 있다. 우선 섹시한 사물을 논하기 위해 소년(소녀가 아니라)의 예를 든 것을 당연시하고, 시각을 욕정의 자극 수단으로 강조한 것을 간과했다. 여기서 소년의 흥분은 눈으로 본 것에서 촉발된 결과인 것처럼 묘사되었다. 테너 선생님이 지적인지, 성품은 다정한지, 또는 너그러운 사람인지에 대해서는 아무런 언급이 없다. 그녀의 매력은 오로지 외모와 옷차림의 차원에서 거론되며, 치마와 블라우스, 다이아몬드와 진주가 강조된다. 겉모습에 천착하

something

고 깊이를 무시하는 이런 태도는 남자들이 섹시하다고 여기는 사물들에 대해 무엇을 말해 줄까? 그리고 여기서 이어지는 논리적인 질문은 무엇일까? 남자들이 섹시하다고 느끼는 물건을 여자들도 그렇게 생각하느냐는 것일까, 남녀가 섹시하다고 여기는 사물에 차이가 있느냐는 것일까?

남자를 흥분시키는 것은?

성적 흥분에 관한 한, 남자는 대체로 '시각적 동물'이라고 할 수 있다. 섹스 파트너나 연애 상대를 찾을 때 남자들이 육체의 아름다움을 첫 번째로 따진다는 사실은 수많은 연구를 통해 거듭 확인되었다. 남자는 여자에 비해 외모를 더 중시하며, 이는 세계 어느 곳을 막론하고 동일하다. 실제로 1990년에 37개 문화권에서 조사를 해 봤더니, 여자가 남자보다 파트너의 외모를 더 중시하는 문화권은 단 한 곳도 없었다.

여자의 멋진 외모에 매료되는 남자들의 성향은 도처에서 확인된다. 신문의 생활광고를 예로 들어보자. 똑같은 '애인구함'이라도 여자는 남자의 외모를 거의 언급하지 않는 반면, 남자의 경우 열이면 아홉이 여자의 미모에 대한 조건을 거론한다. 이런 광고에는 "긴 다리" "날씬한 몸매" "아름다운 외모" 같은 표현들, 심지어 "육감적"이라거나 "관능적" 또는 "도발적"이라는 말도 심심찮게 등장한다. 소수인종을 대상으로 한 신문의 생활광고를 간

략히 살펴봤더니 자신의 신체적 매력을 언급한 비율은 남자가 33 퍼센트, 여자는 68퍼센트였다. 여자들이 "시장의 요구"를 수용한 셈인데, 순전히 남자들이 듣고 싶어 하는 내용을 언급하고 있는 것이다. 말하자면, 시각적 만찬을 약속하지 않고는 데이트라는 식탁 앞에 다가갈 수 없기 때문이다.

또한 남자들은 상대에 대한 느낌이나 두 번째 데이트 신청 의 여부도 대체로 외모에 따라 신속하게 결정한다. 남자들은 여 자의 외모를 보고 1에서 10까지 점수를 매기는 악취미가 있으며 (영화배우 보 데릭의 완벽한 10점을 기억하는지!) 심지어 저마다 환상을 품고 있는 부위에 따라 "나는 가슴을 따지는 남자"라거나 "다리 취향"이라는 얘기를 자랑스럽게 떠벌인다.

포르노도 시각에 편중된 남자들의 성향이 두드러진 또 다른 분야다. 미국에서는 매달 약 1천만 명의 성인이 『플레이보이』를 보고, 이 잡지의 미국내 유료 유통 부수는 『에스콰이어』와 『GQ』, 그리고 『롤링스톤』을 합친 것보다 많다. 뿐만 아니라 브라질, 불가리아, 크로아티아, 체코공화국, 프랑스, 독일, 그리스, 헝가리, 이탈리아, 일본, 네덜란드, 루마니아, 러시아, 슬로바키아, 슬로베니아, 스페인과 대만에서도 각 지역판을 발행한다. 그리고 물론 포르노 출판과 비디오 산업은 『플레이보이』만의 전유물이 아니다. 유사한 잡지도 많고 이른바 '성인용품점'은 전국에 넘쳐난다. 포르노 산업은 연간 80억 달러의 매출을 기록하고 있는데, 「외설 및 포르노 조사위원회 보고서」에 따르면 성인출판물과 X등급 영화의 주고객은 "백인 중산층이며 중년의 기혼 남성이 절대적"이다.

포르노의 이미지는 성적 흥분을 자극하는 동시에 적개심을 방출할 통로를 제공한다. 감금과 복종, 극단적인 형태의 사도마조히즘까지는 아니더라도, 알몸을 만천하에 드러낸 사람은 아무래도 애정이나 염려 같은 따뜻한 감정을 일으키지 않는다. 포르노가 불러내는 감정은 (윤리적인 태도를 제외한다면) 결국 동물 같은 기본적 욕구로 요약된다. 그런 '욕구'에는 경멸과 적개심이 두둑이 담겨 있다. 포르노 심리학을 연구한 로버트 스톨러(Robert Stoller)는 "어떻게 위장하더라도 포르노에는 늘 피해자가 존재한다. 피해자가 없는 건 포르노가 아니"라는 결론을 내렸다. 인간을 사물로 보는 포르노물의 시선은 예외 없이 저열하다. 스트립쇼를 하면서 '신사들의 클럽'이라는 그럴 듯한 간판을 내걸더라도 이 사실은 달라지지 않으며, 뉴저지의 누추한 술집이나 사우스캐롤라이나의 성인오락실, 뉴올리언스와 도쿄와 방콕의 호화로운 술집까지 모두 마찬가지다. 제아무리 문화적인 요소를 가미하고 아름답게 치장한들 스트립댄서는 여전히 몸을 흔들어대는 살덩이에 불과하다. 그 여자들을 사물로 격하시킨 관객들에게 그들의 감정 따위는 전혀 중요하지 않다. 일례로 1970년대를 휩쓴 포르노계의 블록버스터 「딥 스로트Deep Throat」의 린다 러브레이스가 대학교 졸업식에 연사로 초대될 리 만무하다. 그녀 같은 부류의 말에 사람들은 귀를 기울이지 않는다. 그들은 단지 바라보는 대상이기 때문이다. 이게 악의적인 타락이 아니라면 뭐가 그렇단 말인가?

하지만 남자들이 바라는(또는 바라보는) 건 구체적으로 뭘까? '실제의 것'은 아닌 게 분명하다. 시선의 초점은 여성의 성기 자체가 아니다. 이른바 하드코어로 분류되는 그런 포르노는 소프트 포르노의 은근한 암시나 예감이 안겨주는 흥분만큼 짜릿하지 않다. 대부분의 남자들은 여성의 성기 자체를 뜯어보듯 응시하는 것을 조금 불편해한다. 프로이트도 "우리는 가장 강력하게 성적 흥분을 아기하는 싱기 자체는 결코 아름답다고 여기시 않는다." 고 말한 바 있다. 아르헨티나에서 활동하는 정신분석학자 아리엘 아랑고(Ariel Arango)는 그 점을 이렇게 함축적으로 설명했다.

사실, 남자들을 대상으로 무작위 설문조사를 실시해서 음문의 형태와 크기, 색깔 등을 정확히 묘사해 보라고 한다면 난감한 결과가 나올 것이다. 왜냐면 남자들은 그 질문에 대답을 하지 못하기 때문이다. 그리고 그제야 깜짝 놀라며 자신들이 사랑을 나눌 때 그걸 보는 일이 거의 없다는 사실을 깨달을 것이다. 남자들은 그 '비밀의 문'을 좀처럼 자세히 들여다보지 않는다. 그걸 즐겨 핥는 사람조차 꼼꼼히 살펴본 적은 없다는 걸 알게 될 것이다. 그림의 사소한 특징, 조각의 선 처리, 책의 아주 작은 글자를 아무렇지 않게 기억하는 사람이라도 음문은 정확하게 묘사하지 못할 것이다! 여성의 성기만큼 남자들로부터 철저히 무시당하는 영역은 찾기 힘들다.

something

실제로 남자들이 그렇게 목을 매는 시각적 '흥분'은 성기와 상관없는 부위, 이를테면 눈이나 목덜미, 어깨, 가슴, 허리선, 다리, 발, 그리고 발가락 같은 곳에서 나온다. 그리고 이렇게 '성기와 관련 없는' 여성의 신체 부위를 옷이나 신발, 벨트, 향수, 온갖 화장품으로 치장하고 꾸미고 강조할 때 남자들의 성적 흥분이 자극된다. 빅토리아 시크릿이라는 유명한 속옷은 여자들에게 몸에 대한 자부심과 기쁨을 제공하지만, 실제로는 남자들을 위한 최고의 가게인 것이다.

그러므로 남자들에게 섹시한 물건은 립스틱, 브래지어와 팬티, 망사스타킹이나 하이힐, 목걸이, 그리고 찰랑거리는 귀걸이처럼 오히려 여성의 성기로부터 관심을 돌리게 만드는 것들이다. 이런 물건들도 저마다 일정한 시각, 촉각, 또는 후각적 만족을 제공하지만, 그들이 생각하는 실제 성행위의 위험과 달리 주로 미적인 차원에서 기능한다. 프로이트가 지적한 성도착의 특징(성도착자가 성적인 자극을 느끼려면 여성의 몸에 더해 어떤 물건이 필요하다는 것)은 따지고 보면 남자들의 성적 흥분에 보편적으로 적용된다. 남자들은 자신이 성이라는 주제와 관련해서 가식이 없다는 걸 자랑삼아 얘기한다. 그러나 실상은, 시선을 돌릴 것이 있어야 목표를 달성할 수 있는 것이다.

그러나 이런 심리적인 설명으로는 립스틱으로 입술을 붉게 칠하고, 허리띠로 허리를 잘록하게 조이고, 하이힐로 키를 높이고, 보톡스와 실리콘으로 젊음을 조작한 모습에 남자들이 흥분하는 이유를 자세히 규명하지 못한다. 실제로 이 문제를 깊숙이 파고들수록 여성의 아름다운 치장이나 장식에 집착하는 남자들의 시각적 취향에는 여자의 성기에 대해 느끼는 불안감보다 더 심오한 요인이 작용한다는 걸 발견하게 된다. 하지만 그 전에, 그렇다면 여자들은 과연 어떤 물건을 섹시하다고 느끼는지 살펴보자.

여자들이 섹시하다고 생각하는 것들

대부분의 사람들이 몰랐던 사실들:

◇ 『플레이걸』의 연간 발행부수는 『플레이보이』의 9분의 1이며, 전체 포르노 소비자 중에서 여자가 차지하는 비율은 남자에 비해 훨씬 낮다.

◇ 남자 누드사진의 주된 고객은 이성애 여자가 아닌 동성애 남자이다.

◇ 『비바』라는 여성지는 초창기에 『플레이보이』를 본떠 남자 누드사진을 속지로 접어 넣었지만, 얼마 지나지 않아 중단했다. 여성 독자들은 그런 사진에 그렇게 큰 관심을 갖지 않은 것으로 확인되었다.

◇ '관음증 호색남'은 있지만 '관음증 호색녀'는 없다. 임상적으로도 여자 관음증 환자는 존재하지 않는다.

◇ 여자는 남자에 비해 애인/배우자를 선택하는 속도가 느리다. 잠

something

재적인 파트너의 신체적 매력을 고려하지 않는 건 아니지만, 성실성이나 믿음직함, 경제적 안정 같은 항목에 비해 비중이 낮다.
◇ 패션업계에서 남자 모델의 수입은 여자 모델보다 훨씬 적다. 이는 대부분의 전문직에서 나타나는 남녀 수입의 일반적인 패턴과 정반대되는 경향이다.

이런 점들을 종합해 보면 여자들은 연애상대를 찾거나 성적 자극을 받을 때 시각적 요소에 의존하는 정도가 훨씬 덜하다는 걸 알 수 있다. 실제로 세계 각국의 남녀를 대상으로 실시한 최근의 조사에서도 짝을 찾을 때 '외모'를 중시하는 여자의 비율이 남자보다 높게 나타난 문화권은 단 한 곳도 없었다. 여자들은 그런 방식으로 움직이게 되어 있지 않다는 얘기다. 여자들은 시각의 자극이 아닌 감정의 희열에서 흥분을 느낀다. 여자들은 포르노보다 부와 권력을 모두 지닌 남자주인공이 사랑을 위해 온갖 고초를 마다않는 로맨스소설을 읽으면서 흥분을 느낄 가능성이 더 높다는 뜻이다.

그렇다고 해서 여자들이 아름다움에 관심이 없는 건 아니다. 천만의 말씀이다. 다만 남자의 외모보다 대체로 자신의 아름다움에 관심을 갖는다. 남자의 몸을 구경하기보다 자신의 외모를 꾸미는 데 돈을 투자하고 방법을 강구한다. 화장품과 향수, 보석과 핸드백과 벨트와 신발, 외모를 돋보이게 해서 남자들에게 매력적으로 보일 옷을 산다. 그래야 남자들의 관심을 끌 수 있다는 걸 알기 때문이다. 이들이 다른 여자의 미모, 화장과 옷과 장신구로 강조한 외모를 눈여겨보는 것도 그 때문이다. 경쟁자를 은밀히 관찰하면서 이른바 '작업의 기술'을 습득하려는 것이다.

이에 따른 흥미로운 결과는, 남자들이 섹시하다고 생각하는 물건은 여자들의 옷장에 있고 여자들이 그렇다고 생각하는 물건역시 바로 그곳에 있다는 사실이다. 섹시한 물건이라는 항목과관련해서 남자들의 옷가방은 텅 빈 것이나 다름없다. 물론 여자들도 애인이 잘 차려입기를 바라고, 이런저런 체형이나 의상을 선호하기도 한다. 당연한 얘기다. 내 친구인 수전 쿨로프스키는 로스앤젤레스에 사는 PR 전문 변호사인데 검은색 폴로셔츠를 입은남자만 보면 가슴이 설렌다고 털어놓았다. 그런가 하면 시카고에서 아나운서로 일하는 실라 소날카르는 파이프담배를 문 남자한테 강렬한 흥분을 느낀다고 말했다. 하지만 남자들을 흥분시키는 물건들의 어마어마한 목록 옆에서 여자들이 제시한 한두 가지의 사례는 조금 초라해 보인다.

게다가 여자들을 흥분시키는 남자의 신체적 특징은 그 자체의 본질적 매력보다 거기에 함축된 사회경제적 지위와 더 관련이 있는 것처럼 보인다. 사회인류학자인 존 마샬 타운센드(John Marshall Townsend)는 외모에 따라 '매우 아름다움'부터 '매력 없음'까지, 그리고 연봉에 따라 고저로 분류한 남녀의 사진을 보여 주면서 그 중 어떤 사람과 데이트를 하고 싶은지, 섹스를 하고 싶은 사람은 누구이며, 결혼상대로 적합한 사람은 누구인지 물어보는

something

실험을 실시했다. 남자들은 일관되게 사회경제적 지위와 관계없이 아름다운 여자를 선호했지만, 여자들은 매력적이지만 경제력이 없는 사람보다는 매력은 떨어지더라도 경제적 지위가 높은 사람에게 호감을 느꼈다. 단순하게 정리하자면 남자는 아름다움에 주목하고, 여자는 지위를 기대한다.

하지만 이건 뭘 의미할까? 어머니를 이상시하는 소년이나 아버지의 보호를 원하는 소녀 정도면 이런 차이를 설명하기에 충분할까? 꼭 그렇지는 않다. 그런 요인들도 일정한 역할을 하겠지만, 보다 심층적인 차원에서 결정적으로 작용하는 것들이 있을 것 같다. (게다가 소년도 아버지를, 소녀는 어머니를 이상시한다.)

찰스 다윈의 입장

여기서는 최근에 급부상한 '진화 미학(evolutionary aesthetics)'이라는 분야의 도움을 받을 수 있을 것 같다. 진화 미학은 찰스 다윈이 『종의 기원』에서 제기한 주장을 바탕으로 인류의 진화 과정에서 근원한 아름다움과 육체적 매력을 추적함으로써 인류의 미적 선호도를 설명하려는 학문이다. 다시 말해서, 우리가 성적인 매력을 느끼는 이유는 오로지 진화의 목적에 부응하고 종의 번식을 약속해 주기 때문이라는 시각이다. 외면의 아름다움은 단지 생식의 차원에서 건강하다는 걸 보여주는 광고판에 불과한 셈이다. 애욕의 감정에서 개개인의 사연을 제거하는 시각이기는 해도 한 번쯤 진지하게 고려해 볼 가치는 있다.

균형을 도모하는 차원에서 이번엔 여자들의 미적 선호부터 먼저 얘기해 보자. 여자들의 경우 성적 자극을 위해 시각적 요소에 의존하는 정도가 낮다는 사실은 이미 살펴봤다. 하지만 시각 의존도가 '낮다'고 해서 잠재적 파트너의 외모에 전혀 흥분을 느끼지 않는다는 얘기는 아니다. 그렇다면 궁금해진다. 여지들은 남자의 어떤 점을 좋아하는 걸까? 그리고 그런 선호도는 보다 심층적인 진화의 명령과 어떤 관련이 있을까?

적자생존에 빗대어 『미인생존Survival of the Prettiest』이라는 제목의 책[한국어판 제목은 『美 – 가장 예쁜 유전자만 살아남는다』]을 쓴 낸시 에트코프(Nancy Etcoff)는 진화 미학 관련 연구들을 광범위하게 검토했는데, 그녀에 따르면 여자들은 무리를 장악하는 지배력과 위상을 지닌 남자에게 흥분을 느낀다고 한다. 평균을 상회하는 키나 역삼각형의 몸통, 강인한 팔, 꼿꼿한 자세를 지닌 남자를 매력적으로 여긴다는 것이다. 얼굴은 타원형이거나 직사각형이고, 눈 위쪽의 이른바 '안와상융선(眼窩上隆線)'이 튀어나왔으며, 깊은 눈과 강한 턱도 여자들이 선호하는 특징들이다. 여자들에게는 이런 점들이 지배력과 위상의 증거로 인식되고, 자신과 장래의 아이들을 지켜 줄 능력을 짐작케하는 무언의 단서로 작용한다. 리처드 도킨스처럼 아름다움을 연구하는 진화생물학자들은 여자가 흥분을 느끼는 궁극적인 요소가 바로 이런 것들이라고 주장한다.

something

실제로 그 남자의 아이를 낳고 싶은지의 여부는 중요하지 않다. 다만 수천 년 동안 인류의 어머니들에게 이런 단서가 효과적으로 작용했고, 그렇기 때문에 여자들의 뇌에 확고히 저장된 것이다. 자신과 장래의 아이들을 보호해 줄 믿음직한 파트너를 만날 가능성이 높은 조건이 여성 인류의 뇌에 깊숙이 뿌리내렸고, 여자들은 지금도 유구한 그 패턴에 따라 외모를 검색하고 있다.

그렇지만 이게 섹시한 물건과 무슨 상관이 있다는 걸까?

여자들은 남자의 신체적 강인함과 사회적 위상을 강조해 주는 물건이라면 뭐든지 '섹시하다'고 받아들인다. 여자들이 보기에 머리숱이 많고 팔꿈치에 가죽을 덧댄 트위드 재킷을 입은 키 큰 남자가 구부정한 어깨에 머리는 벗겨지고 입성까지 초라한 남자보다 더 매력적이다. 포르셰나 재규어나 벤틀리를 모는 남자는 평범한 자동차를 가진 남자에 비해 훨씬 자극적이다. 그런데 이건 돈과는 상관이 없다. 위상을 말해 주는 이런 '상징'들은 그 남자가 지닌 사회적 경쟁력과 힘에 대한 시각적 표식에 불과하다. 이 남자라면 같이 아이를 낳아도 괜찮다는 표식. 그가 안전하고 바람직한 파트너라는 건 진화를 통해 입증된 사실이다.

남자가 젊어 보이는 여자를 선호하는 이유도 다르지 않다. 그건 아이를 가질 능력이 더 높다는 신호이다. 진화생물학적 시각에 따르면, 남자는 종족을 지배하기 위해 자신의 '씨'를 널리 퍼뜨리고 가능한 많은 자손을 낳고 싶어 한다. 그 결과 다산과 임신 능력을 나타내는 표식에 흥분을 느끼게 된 것이다. 잘록한 허리가 매력적인 이유는 엉덩이와 골반이 커 보이기 때문이다. 눈이 크고 광대뼈가 도드라진 얼굴은 에스트로겐 수치가 높다는 증거이기 때문에 매력적이다. 이런 신호를 '읽는' 남자들의 능력은 진화의 역사가 남긴 조용하지만 강력한 유산이다. 남자들의 뇌에 각인된 이런 선호도는 의식의 외곽에서 작용한다.

그리고 남자들이 섹시하다고 여기는 것에 영향을 미친다. 허리를 꽉 조이고 가슴골이 두드러지는 옷을 좋아하는 이유는 여자의 젊음과 생식의 잠재력을 엿볼 수 있기 때문이다. 실제로 여성용 화장품 업계에서는 남자들에게 이런 신호를 보내는 데 초점을 맞춘다. 여자들은 한편으로는 어려보이면서 또 한편으로는 젊은 인상을 주기 위해 볼연지로 광대뼈를 강조하고 눈썹을 정리한다. 어려 보이는 여자는 남자의 보호 본능을 자극하고, 젊은 여자는 '수태' 본능을 일으킨다. 그리고 이 두 가지가 결합되면 강력한 성적 매력으로 작용한다. 여자들의 화장품에는 남자들이 섹시하다고 여기는 특징들이 반영된다.

이런 주장이 설득력이 없어 보인다면 『털 없는 원숭이』의 저자인 데스몬드 모리스의 얘기에 귀를 기울여보자. 그는 네발로 걷던 유인원이 직립보행을 하는 인류의 조상으로 진화하면서 분홍색 구근(球根) 같던 암컷의 생식기가 수컷 유인원의 눈에 띄지 않게 됐다고 주장한다. 그걸 보완하기 위해 두발로 걷는 유인원의 입술이 도톰해졌고, 문명이 발달하면서 남자들이 어렴풋이 생식기를 떠올릴 수 있도록 입술 색을 강조하는 방법(이를테면 립스

　　　　　　　　　　something

틱)이 등장했다는 것이다.

두 번의 문화적 변화

정신분석학이나 진화론에서는 남녀가 '섹시하다'고 여기는 물건에 대해 많은 설명을 제공한다. 하지만 여전히 채워지지 않은 개념의 모퉁이와 구석이 남아 있다. 이와 관련하여 특히 간과된 부분은 성별에 따른 특징이 분리되고 융합되는 문화적인 변화다. 인류는 남자와 여자의 역할이 분명하게 구분되었던 시기를 거쳐 왔고, 지금도 그 경계가 분명한 문화권이 존재한다. 그런 환경에서는 남녀가 '섹시하다'고 여기는 물건들도 확연히 구분된다. 그러나 성에 따른 역할이 그다지 분명하게 나뉘지 않는 환경에서는 섹시한 개념에 대한 남녀의 시각차도 다소 흐릿하다.

최근 들어 남녀가 생각하는 섹시한 물건들이 어떻게 하나로 합쳐질 수 있는지 보여 주는 두 가지 사례가 눈에 띈다. 우선, 남자들이 옷차림에 부쩍 관심을 갖게 된 건 게이들의 사회적 목소리가 높아진 결과처럼 보이는데, 그로 인해 남자들도 성적 시선의 대상이 됐기 때문이다. 루이 14세부터 보 브루멜[본명은 조지 브라이언 브루멜이며 댄디즘의 시초로 평가된다]의 댄디 패션과 1980년대에 유행한 '파워 슈트'에 이르기까지, 사실 남자들도 늘 패션에 관심을 가져 왔다. 하지만 대체로 자신의 위상과 권력을 드러내려는 목적이었다. 각계각층의 모든 남자들이 패션에 신경을 쓰는 요즘의 현상은, 내가 보기에는 아무래도, 남성 동성애자의 권익 수호 운동인 '게이 무브먼트'에 따른 부산물인 것 같다. 다시 말해서, 동성애자의 라이프스타일이 사회적으로 널리 용인되면서 남자들도 매력적인 존재가 되기 위해 외모에 신경을 써야 할 필요가 분명해졌다. 그리고 동성애 남자들의 시선을 받는 대상을 따라 이성애 남자들도 더 잘 차려입고 '멋진' 장신구에도 관심을 갖게 된 것이나. 세련된 동성애 남사가 '스트레이트' 남사들의 스타일을 코치해 준다는 기획으로 인기를 누린「퀴어아이」는 이런 경향을 기민하게 포착해서 입증해 보인 텔레비전 쇼였다.

두 번째로 짚어볼 문화적 변화는 '남성적'인 일과 '여성적'인 일 사이의 경계가 느슨해진 것이다. 경제적인 이유로 인해 양육을 부부가 분담해야 할 필요성이 높아지면서 남자의 모성, 또는 '여성적'인 측면이 더 많이 활용되고, 사회적으로도 용인되기에 이르렀다. 비슷한 압력에 직면한 여자들도 기존의 소극적이었던 태도를 벗고 사회에서 경쟁하는 '남성적'인 측면을 받아들였다. 더 나아가 요즘 아이들은 갈수록 성별의 경계가 모호해지는 세상에서 자라고 있다. 이런 일련의 변화들은 남녀가 서로에게 더 매력적이되기 위해 활용하는 물건에도 점점 더 많은 영향을 미친다. 남녀가 생각하는 '섹시한 물건'이 확연히 구분되지 않는 경향은 전에 없이 강해질지도 모른다. 그러나 이런 것쯤은 이제부터 우리가 살펴볼 심란한 현상에 비하면 아무것도 아니다.

something

외설? 변태?

도덕률이 용인하는 성적 관행의 폭이 상당히 넓어지기는 했지만, 그럼에도 불구하고 사회 일반이 용납하지 못하는 것들은 존재한다. 상대가 동의하지 않은 성행위나 성적인 목적을 달성하기 위해 사용하는 폭력 같은 것들이다. 앞의 예로는 아동을 대상으로 하는 이상성욕이나 수간, 또는 시간(屍姦)이 있고, 뒤의 사례에는 다양한 형태의 사도마조히즘이 해당되는데 이를테면 채찍질이나 매질, 엉덩이 때리기, 찌르고 자르고 매달고 형틀에 묶고 옷장이나 상자에 가두기, 머리카락을 뽑고 젖꼭지를 비틀고 미라를 만들고 성기로 질식하게 만들기, 담배로 지지거나 성기에 촛농을 떨어뜨리고 발목이나 팔목을 난도질하고, 신발을 핥고, 기저귀를 끌어안고 분비물을 바르는 것 등등이다.

이런 행동엔 거의 예외 없이 물건이 동원된다. 성도착자들이 사용하는 비교적 평범한 물건(여자의 신발에서 흥분을 느끼거나, 여자가 귀걸이를 한쪽만 차고 있어야 발기상태를 유지할 수 있는 남자처럼)과는 달리, 사도마조히즘의 경우에는 호전적인 성욕을 발산하기 위한 기구가 즐비하다. 형틀, 고환이나 젖꼭지를 비트는 물건, 쇠사슬과 허리띠, 엉덩이 때리는 기계를 비롯한 온갖 성기구는 '정상 범위를 벗어난' 성적 흥분을 위해 인간들이 만들어낸 희한한 물건들 가운데 극히 일부일 뿐이다.

성적 쾌락을 위해 발명된 기구들은 노골적인 폭력을 행사하지 않는 것조차 무시무시하고 오싹한 느낌을 준다. 이렇게 상당히 가혹하고 '섬뜩한' 기구들을 보면 어떤 것들은 성적인 욕구보다 적의를 분출하는 게 주된 목적이 아닌가 싶기도 하다. 이런 구분을 지나치게 현학적이라고 생각할 사람도 있을지 모르겠지만, 앞에서 언급한 기구들은 사랑을 나누려는 게 아니라 그야말로 '성교'를 위한 것이다. 사랑을 나누는 행위에도 힘과 공격성은 어느 정도 존재하지만, 여기서는 통상적인 한도를 넘어선다. 이런 종류의 '섹시한 물건'이란 본질적으로 '공격적인 물건'이다.

일상에서 흔히 보는 평범한 물건도 이런 식의 '섹시한 물건'이 될 수 있다. 이 경우 그런 물건을 사용하는 공격적인 의도를 평소에는 교묘하게 감추고 있을 때가 많다. 예를 들어 항문과 직장에 물건을 삽입하는 사람들도 표면적으로는 나름의 쾌락을 추구한다. 그러나 전혀 다른 용도를 지닌 물건을 누군가의 항문에 삽입한다는 사실 자체가 적대적인 행동이다. 외과의사인 D. B. 부시와 J. R. 스탈링이 작성한 항문에 삽입된 이물질의 목록을 보면 무슨 얘기인지 이해할 수 있을 것이다. 그들의 목록에는 전구, 사과, 바나나, 오이, 도끼의 손잡이, 음경 모양의 성기구, 숟가락, 손전등, 초, 펜, 칫솔, 테니스공, 베이비파우더 통, 코담배 통, 콜드크림병, 열쇠, 담배 케이스, 그리고 맥주잔 등이 포함되어 있다. 이런 것들을 누군가의 항문에 집어넣는다는 건 그 물건이 애초에 만들어진 목적을 조롱하는 짓이다. 그것도 졸렬하게. 설사 의식하지 못한다 해도 이런 행동은 기존 질서에 대한 공격성을 내포하는,

something

본질적으로 적대적인 행동이다.

그런가 하면 관습적인 성행위에서 '가볍게', 그리고 다소 일상적으로 일탈하는 경우도 있다. 이때도 사물이 사용된다. 일부 남자들이 발기상태를 유지하기 위해 집착하는 물건(이른바 페티시라고 일컫는 것으로, 예를 들면 하이힐이나 늘어진 귀걸이), 그리고 일부 여자들의 자위용, 또는 레스비언의 성행위에 사용되는 바이브레이터 등을 들 수 있다. 옷도 특이한 목적으로 사용할 경우 여기에 포함될 수 있다. 의상도착에는 두 종류가 있는데, 이성의 옷을 입고 성적인 경계를 허물어서 자극을 얻는 것이 한 가지이고, 나머지는 같은 성의 옷을 입기는 하지만 약간 크거나 장식이 과도한 옷을 습관적으로 입으면서 '흥분'을 느끼는 경우이다. 이런 물건들(페티시, 바이브레이터, 성적 흥분을 유발하는 의상)은 남녀의 성적 차이에 따른 불안감을 완화하기 위한 것이다. 이런 물건들의 의도는 대체로 성적인 경계를 흐릿하게 만들어서 성적 행위에 으레 수반되는 긴장감을 줄이려는 데 있다. 즉, 이런 종류의 '섹시한 물건들'은 불안감으로부터 자신을 보호하려는 용도이며 성적 흥분을 가장해서 적의를 분출하려는 노골적인 성적 도착의 잔인한 기구들과는 다르다.

그런데 잠깐. 똑같이 성적인 물건인데 어떤 건 불안을 감소시키는데 또 어떤 건 적개심을 발산하는 용도라면, 여기서 우리는 어떤 결론을 얻을 수 있을까? 순수하게 '섹시한' 물건은 존재하지 않는 걸까?

절정

이 질문에 대답하려면 먼저 생각해 봐야 할 것들이 있다.

◇ 정신분석학적인 시각에 따르면, '섹시한 물건'은 안정감을 줌으로써 성행위를 히는 데 따른 긴장감을 극복하려는 목적을 갖는다.

◇ 진화론적인 입장에서 보면, '섹시한 물건'은 유전적으로 이상적인 짝을 선택해서 종을 널리 번식하기 위한 수단이다.

◇ 문화적인 관점에서 '섹시한 물건'은 성별에 따른 역할과 매력을 정의하는 사회적인 경향에 부응하는 상징이다.

◇ 임상적인 의견에서는 일탈된 성행위를 중심에 놓기 때문에, '섹시한 물건'이란 적개심을 가리기 위한 필사적이면서 다채로운 가면이라고 할 수 있다.

위의 네 가지 시각 가운데 '섹시한 물건'을 직접적으로, 그리고 오로지 '섹스'와 관련해서 고려한 경우는 없다. 그렇다면 섹시한 물건이라는 게 사실상 '섹스'와는 아무런 연관이 없다는 결론이 도출된다. 어쩌면 섹시한 물건이라는 건 애초에 존재하지 않는 건지도 모른다!

문득 미국-멕시코 국경 경비대에 전해 내려온다는 한 가지

이야기가 생각난다. 현실성이 없고 꾸며낸 것처럼 들리기도 하지만, 나름대로 교훈이 담겨 있다.

　어느 날 국경을 순찰하던 미국 경비대원이 경계선 울타리에 바짝 다가와 있는 초라한 차림의 멕시코 남자를 발견했다. 자전거를 탄 남자는 손에 자루를 들고 있었다. 경비대원이 멕시코 남자에게 물었다. "그 자루에 든 게 뭐요?" "흙인데요." 멕시코 남자가 대답했다. 경비대원은 어쩐지 미심쩍은 마음에 자루를 열어 보라고 했다. 그런데 자루에 담긴 건 실제로 흙이었다. 경비대원은 어깨를 한번 으쓱하고는 돌아갔다. 그런데 멕시코 남자는 그 다음날에도 흙이 잔뜩 든 자루를 들고 나타났다. 무슨 일을 꾸미는 게 틀림없다고 생각한 경비대원은 이번에도 자루를 열어 보게 했다. 여전히 자루엔 흙만 가득했다.

　똑같은 상황이 매일 반복됐다. 같은 일을 되풀이하자니 경비대원도 슬슬 짜증이 났지만, 자신이 자루를 확인하지 않은 날엔 그 안에 코카인 같은 걸 넣어서 밀수할지 모른다는 확신 또한 갈수록 강해졌다. 밀수를 위한 계략이 진행되고 있는 게 틀림없었다. 경비대원은 절대 포기하지 않겠다고 다짐했다. 절대로, 어림도 없지!

　그렇게 국경에서는 두 사람 사이에 매일 똑같은 일이 반복됐다. 그러는 사이에 1년이 지났다. 분하고 약이 올랐지만 당황스럽고 어리둥절한 마음에 이제는 포기하자고 마음먹은 경비대원이 멕시코 남자에게 물었다. "이봐. 아무 짓도 안 할게. 내 약속

하지. 그 대신 여태까지 대체 무슨 꿍꿍이였는지 속 시원히 말해
봐." 멕시코 남자는 절대 처벌하지 않겠다는 다짐을 재차 확인한
후에야 씩 웃으며 이렇게 털어놓았다. "지금까지 자전거를 밀수
했던 거예요."

잡종들

HYBRID THINGS

그것은 우리 안에 살아 있는
더없이 순수하고 호기심 가득한
동심을 사로잡는다.

1956년 9월. 열 살인 나는 형과 영화관에 앉아 있다. 인도 범죄수사대의 활약을 다룬 영화는 마지막 클라이맥스를 향해 달려가는 중이다. 사복경찰인 주인공은 악당을 유인하기 위해 부상을 당한 것처럼 꾸며 병원에 입원했다. 물론 곳곳에 경찰이 잠복해 있다. 주인공을 해치울 절호의 기회를 악당이 놓칠 리 없다. 악당역시 만만치 않다. 악당은 지팡이를 짚고 절룩거리며 병원에 들어선다. 무기를 지닌 것처럼 보이지는 않는다. 그런데 주인공의 병상으로 다가간 악당이 갑자기 지팡이 속에 감춰뒀던 칼을 뽑아든다. 관객들은 모두 숨을 삼키고 나는 형의 손을 움켜잡는다. 다행히 주인공은 침대에 누워 있지 않았다. 문 뒤에 몸을 숨기고 있던 주인공이 튀어나와 격투 끝에 악당을 처치한다. 화면이 바뀌고, 상처 하나 없이 멀쩡한 주인공이 멋지게 애인을 포옹한다. 끝. 우리는 영화관을 나와 집으로 간다.

한 시간쯤 지난 후에는 주인공이 죽을 뻔했던 장면의 충격에서 헤어났지만, 어떤 사물이 한 가지 이상의 기능을 할 수 있다는 새로운 인식은 내 머릿속을 떠나지 않는다. 속에 칼을 숨기고 있던 지팡이는 하이브리드의 세계로 나를 이끌었다. 내 나이 열살. 내가 사는 세계는 조그맣고, 머릿속엔 내일까지 해야 하는 숙제와 친구들이랑 뛰어놀 생각이 가득하다. 그날 자리 잡은 하이브리드에 대한 인식이 48년 후에 불쑥 튀어나와 내 글의 주제가되리라고는 꿈에도 상상하지 못한다.

something

하이브리드란 무엇인가?

사전에는 동물이나 식물의 이종 간 교배에 따른 잡종이라고 나와 있다. 하이브리드가 탄생하기 위해 필요한 두 순종 간의 결합은 우연히 일어날 수도 있고, 인위적으로 조성될 수도 있다. 하지만 하이브리드는 난자와 정자가 결합했을 때 생육 가능한 배아가 될 수 있을 만큼 근접한 종 사이에서만 나올 수 있다. 동물쪽에서 가장 대표적인 하이브리드는 역시 말과 당나귀 사이에서 태어나는 노새겠지만, 더 신기한 건 역시 고양잇과의 잡종들이다. 라이거(사자와 호랑이의 잡종)와 레오폰(사자와 표범의 잡종)은 애초에 그렇게 신기한 전시용으로 만들어졌다. 얼룩말과 당나귀의 잡종(종키)이나 고래와 돌고래의 잡종(월핀)도 유전자 결합으로 만들어 낸 동물들이다. 하이브리드 동물은 서로 다른 유전형질을 지닌 부모의 결합으로 태어났지만, 그들 자체는 후손을 보지 못한다.

식물의 세계에도 하이브리드는 존재한다. 정원사나 식물학자들은 아름다움이나 과학적인 목적을 염두에 두고 종종 교차수분을 시도한다. 다년생 화초나 상록수는 교차수분이 특히 수월하다. 좀 더 아름다운 색상과 색조에 대한 끊임없는 열망으로 인해 다양한 하이브리드 화초가 탄생하며, 장미와 난초의 품종 개발이 유난히 활발하다. 그 밖에 유전자를 조작한 곡물이나 진귀한 화초의 예도 무수히 찾아볼 수 있다.

하이브리드의 개념이 생물학에서 나오긴 했지만, 무생물인 사물에도 얼마든지 적용될 수 있다. 다양한 물질, 전혀 다른 기술의 결합으로 탄생한 물건도 '하이브리드'라고 부르기에 손색이 없다. 얼마 전에는 미니애폴리스의 워커아트센터에서 마침 하이브리드 사물이라는 주제로 전시회가 열렸다. 그중에 '묘하게 친숙한'이라는 제목의 연작이 있었는데, 안락의자와 연으로 변신한 옷, 초콜릿으로 만들어 쉬는 시간에 먹을 수도 있는 자, 집어서 주머니에 넣을 수 있는 집 같은 것들이었다. 이렇게 독특한 사물들을 보고 있으면 일상적인 사물과의 기본적인 관계를 다시 생각해 보게 된다. 그것들이 열어 준 하이브리드 사물의 '멋진 신세계'로 들어가 보자.

무생물 잡종 하이브리드의 네 종류

◇ 기원이 여럿인 경우: 하이브리드라는 개념이 갖고 있는 사전적 정의에 가장 가깝다. 즉, 기원이나 구성면에서 서로 다른 종류가 섞인 것이다. 아무래도 우리의 주목을 끄는 건 기발한 것들이지만, 일상생활에서도 심심치 않게 찾아볼 수 있다. 예를 들면 상아로 상감을 해 넣은 나무, 돼지고기로 속을 채운 칠면조, 마티니를 비롯한 칵테일 음료, 인도산 금에 남아프리카공화국에서 채굴한 다이아몬드를 넣어 벨기에에서 세공한 반지, 더 나아가 디지털과 아날로그 방식이 혼재된 컴퓨터나 기름과 전기를 모두

연료로 사용할 수 있는 자동차 등이 여기에 해당된다.

◇ 기능이 여럿인 경우: 두 가지(또는 그 이상의) 기능을 수행함으로써 두 분야에 각각 속한 것 같은 착각을 일으키는 물건들이다. 앞서 얘기했던 칼을 숨긴 지팡이도 기능이 여럿인 하이브리드다. 좀 더 익숙한 것들로는 책을 펼쳤을 때 성이나 용이 입체적으로 펼쳐지는 팝업북, 소파와 침대로 바꿔서 사용할 수 있는 소파침대, 두 개의 문자반으로 서로 다른 지역의 시간을 알려주는 손목시계 등이 있다. TV와 DVD 콤보, 사진을 찍고 이메일도 전송할 수 있는 휴대전화 등은 최근에 등장한 사례들이다.

◇ 형태가 여럿인 경우: 쉽게 형태를 바꿀 수 있는 것들이다. 유연한 재질을 이용하거나 '모듈방식'을 활용하면 변형 가능성을 높일 수 있다. 모듈 방식이란 개별적으로 따로 존재하다가 서로의 시스템에 적용하거나 삽입해서 사용할 수 있도록 제품을 제작하는 것을 뜻한다. 합쳤던 것을 분리하면 언제든 별도로 사용할 수 있다. 이 범주에 해당되는 가장 일반적인 사물이라면 떼거나 붙여서 원하는 형태로 조립할 수 있는 소파(의자, 러브시트)를 들 수 있다. 형태가 여럿인 하이브리드의 보다 극적인 예로는 안토니 디 비톤토라는 디자이너의 '돌연변이 화병'이 있다. 유연한 알루미늄 속에 쇠 코일을 넣었기 때문에 물을 담아 꽃을 꽂아놓는 용기로서의 기능을 수행하면서, 유연한 재질을 주물러 형태를 마음대로 바꿀 수 있다.

◇ 용도가 여럿인 경우: 마지막으로 살펴볼 하이브리드는

익숙한 물건을 지금까지 의도하지 않았던 새로운 용도로 사용할 때 탄생한다. 일상적인 물건에 전에 없던 임무를 부과함으로써 기존의 기능에 새로운 색채를 더하고 활용도를 넓히는 것이다. 종이를 눌러놓는 문진으로 사용된 책이나 날이 더울 때 부채로 사용하는 신문은 이 범주에서 가장 흔히 찾아볼 수 있는 사례일 것이다. 하지만 용도가 여럿인 하이브리드라고 할 때 내 머릿속에 제일 먼저 떠오르는 건 따로 있다. 원래 의도했던 기능을 충실히 수행하는 동시에 적용의 맥락을 확장해서 또 다른 특별한 기능을 수행하는 물건이다. 조반니 펠로네라는 산업디자이너가 만든 '안녕하세요-2인용 컵받침'은 재미있는 사례다. 펠로네는 사람들이 편안한 분위기에서 격의 없이 어울리는 사교모임이나 칵테일파티를 염두에 두고 이 물건을 고안했다고 한다. 그렇게 해서 컵을 두 개 올려놓는 받침이 탄생했고, 받침을 공유하면 생각이나 느낌을 나누기도 더 수월해진다. 일개 컵받침이 사람들이 활발하게 교류할 수 있도록 도와주는 장치로 탈바꿈한 것이다.

이보다 조금은 경건한 사례로는 타조알이 있다. 뉴질랜드의 한 여성은 타조알에서 대단히 이례적인 용도를 발견했다. 타조알 껍질을 준보석으로 장식해서 유골을 화장해 담는 '자연친화적 납골단지'로 만들어 파는 것이다. 하나당 가격은 약 1,200달러 내외라고 한다. 생명을 품고 세상에 나왔던 것이 죽음을 담는 그릇이 된 경우이다.

지금까지 하이브리드 사물의 네 가지 종류(기원, 기능, 형태,

something

용도가 여럿인 경우)를 살펴봤다. 비록 이런 사물에 후기산업시대의 욕망이 담겨 있기는 하지만, 문명의 태동기에서부터 하이브리드라는 개념이 인간의 상상력을 사로잡았다는 사실도 간과할 수 없다.

켄타우로스, 미노타우로스, 인어

기름과 전기를 모두 연료로 사용할 수 있는 자동차나 두 지역의 시간을 동시에 알려 주는 시계 얘기를 하다가 신화에 등장하는 반인반수의 이야기로 옮겨가는 게 얼핏 지나친 비약으로 보일지 모르겠다. 하지만 자세히 들여다보면 현대인의 생활에 편리함을 안겨 주는 하이브리드 기술과 고대인의 상상력에서 꽃핀 반인반수의 신화 사이에 상당히 많은 공통점이 있다는 걸 알 수 있다. 그러면 신화 속의 유명한 반인반수들을 만나 본 후에 그 공통점을 살펴보기로 하자.

◇ 켄타우로스: 그리스 신화에 등장하며 반은 인간이고 반은 말이다. 술을 좋아하고 처녀들을 납치하는 것으로 악명이 높다. 켄타우로스는 그리스 중북부 지역인 테살리아 산중에 산다고 알려졌는데, 선사시대에 중부 유럽을 자주 공격했던 아시아의 거친 기마민족이 환상 속에서 재구성되어 태어난 존재라고 보는 시각도 있다.

어떤 것 119

◇ 미노타우로스: 이번엔 황소와 인간이 결합한 경우인데, 주로 소의 머리를 달고 있지만 몸뚱이가 소인 모습으로 등장할 때도 있다. 그리스 신화를 보면 크레타의 미노스 왕이 포세이돈의 노여움을 사는 바람에 파시파에 왕비가 포세이돈이 보낸 황소와 사랑에 빠져 미노타우로스를 낳게 되는 내용이 나온다.

◇ 인어: 잘 알려져 있다시피 허리 위쪽은 여자이고, 아래는 물고기다. 아일랜드에는 성자 패트릭이 지상에서 추방한 이교도 여지들이 인어가 됐다는 전설이 있다. (널리 알려지진 않았지만 남자 인어도 있다.)

◇ 그리핀: 독수리의 머리와 날개에 사자의 몸과 뒷다리를 한 상상의 동물이다. 인도와 그리스 신화에 모두 등장하며, 땅에 묻힌 황금을 지키는 괴수로 알려져 있다.

◇ 하르피아이: 그리스 신화에 등장하는 여자의 얼굴을 한 새. 혐오스럽고 사악한 괴조로 그려지곤 한다. 망자와 악마가 다스리는 어두운 지하세계에 산다.

◇ 바실리스크: 닭, 또는 인간의 머리에 뱀의 꼬리가 달린 상상의 존재. 한 번 보는 것만으로 모든 생명체를 죽일 수 있는 힘을 지녔다고 한다. 그러나 이렇게 치명적인 능력은 스스로에게 독이 되어, 거울을 비춰 제 모습을 보여줌으로써 바실리스크를 죽일 수 있었다.

◇ 사티로스와 님프: 사티로스는 얼굴은 사람이지만 머리에 조그만 뿔이 났고 하반신이 염소다. 님프는 신화 속에서 다양한 모

습과 성격으로 등장하지만 사티로스처럼 주색을 밝히는 경우도 있다. 실제로 음란증 남자와 색정광 여자를 뜻하는 의학용어(사티리아시스, 님포마니아)는 사티로스와 님프를 어원으로 하고 있다.

그런가 하면 하이브리드는 종교에서도 빈번히 발견된다. 그중 대표적인 예로 다음의 두 가지를 들 수 있다.

◇ 가네샤: 지혜와 행운을 상징하는 힌두교의 신. 사람의 몸에 코끼리의 얼굴을 하고 있다. 수많은 힌두교도들이 섬기는 가네샤는 새로운 출발을 할 때 상서로운 기운을 안겨 준다고 한다.
◇ 아누비스: 이집트 판테온에 속한 신으로, 개 또는 자칼의 머리를 한 남자의 모습으로 묘사된다. 사람이 죽으면 저승의 문을 열고 최후의 심판대로 데려가는 역할을 한다.

고대인들의 상상력과 현대인들의 장난기 어린 창의력 사이에는 어떤 상관관계가 있을까? 환상적인 생명체와 다양한 기능을 수행하는 물건 사이의 첫 번째 공통점은 바로 약동하는 상상력이다. 예를 들어, 인어와 미노타우로스를 만들어 낸 사람과 하이브리드 자동차를 발명한 사람은 기존의 틀을 벗어나 사고하기를 두려워하지 않았다. 이들은 정해진 규범을 깨고 가능성의 한계를 넓혔다.

두 번째 공통점으로는 융통성을 들 수 있다. 이들은 하나로 두 가지 용도를 충족시킬 수 있는데 왜 두 개가 필요하냐고 묻는다. 신화를 엮은 사람이나 기술을 발명한 사람은 무엇보다 기능의 경제성을 추구한다. 전자는 인간의 욕망에 내재된 여러 측면을 시각적인 이미지나 이야기 속에 은밀하게 담아냈다. 후자는 두 가지 이상의 기능을 모두 처리할 수 있는 기계를 만들었다. 그렇게 탄생한 것들은 '더 많은' 일을 하면서도 사용하는 수단은 '더 적다.' 이들의 창조 본능을 부추기는 건 '더 많은' 것과 '더 적은' 것을 합치려는 시도이다.

신화창조자와 기술창조자 사이의 마지막 공통점은 이들이 모두 인류의 '치유자' 역할을 한다는 것이다. 이들은 저마다 자신만의 방식으로 우리가 고민하고 힘들어 하는 감정에 해법을 제시한다. 멀리 떨어진 애인이 보고 싶어 안타까워하는 누군가를 예로 들어 보자. 전화라도 걸려면 그곳이 지금 몇 시인지 알아야 한다. 하지만 번번이 시차를 계산하는 건 번거롭다. 그래? 그럼 문자반이 두 개인 시계를 만들면 되지. 이곳 시간과 그곳 시간을 동시에 알 수 있는 시계 말이야. 그래서 이제 우리는 시차가 다른 두 지역의 시간을 한 번에 확인할 수 있다. 멀리 있는 사람이 지금쯤 뭘 하고 있을지 어렴풋이 짐작해 볼 수도 있다. 이별의 시간을 견디는 괴로운 마음이 조금은 가벼워진다.

다른 예를 들어보자. 성적인 충동을 주체하기 힘든 사람이 있다. 그렇다고 성욕에 굴복해서 게걸스럽게 구는 건 세련되고 지

something

적인 자신의 이미지와 어울리지 않는다고 생각한다. 난감하겠다고? 이번에도 간단하다. 인간과 염소가 결합된 사티로스가 있기 때문이다. 이 호색한에 감정이입을 하면 넘치는 성적 환상을 대리만족할 수 있고, 그러면서도 그 충동을 동물(또는 우리 안에 내재된 '동물성')에 전가시켜 무시할 수 있다. 이 정도면 만족스런 문제 해결이 아닐까?

내가 말하려는 요점은 신화와 기술을 막론하고 하이브리드의 창조에는 예외 없이 과감한 상상력과 기능의 경제성, 그리고 감정의 해소가 결부된다는 것이다. 그것은 우리 안에 살아 있는 더없이 순수하고 호기심 가득한 동심을 사로잡는다. 양립할 수 없을 것 같았던 요소들이 실제로 결합되어 유용한 효과를 발휘할 수 있다고 말해 준다. 많은 것들이 가능하며, 새로움을 창출해낼 재료가 곳곳에서 우리의 손길을 기다리고 있다는 사실을 일깨워 준다.

물론 이런 창의력이 끔찍한 결과를 낳는 경우가 전혀 없는 건 아니다. 아니, 그런 사례도 얼마든지 찾아볼 수 있다. '카붐!'이라는 자살폭탄 게임도 그중 하나다. 게임과 애니메이션 전문 사이트인 뉴그라운즈닷컴(NewGrounds.com)이 2002년 말에 출시한 이 게임은 인파로 북적이는 시장에서 자살폭탄을 이리저리 움직이다가 클릭 한 번에 무고한 사람들을 날려 보내고 사망자 수에 따라 점수를 획득하는 방식이다. 역겹고 저열할뿐더러, 테러의 폭력성과 거기에 인과관계로 얽힌 정치적 비극의 무게를 하찮게 여기는 태도가 더 기막히다. '용도가 여럿인 하이브리드'로 분류될 수 있는 카붐!은 비디오게임의 유쾌한 즐거움을 무자비한 살인으로 확대시킨 경우다. 그것도 금전적 이익이라는 저속한 목적을 위해.

그런 탐욕에 휘둘리지 않고 그만큼 사악하지 않은 예로는 과감한 기하학적 시도를 선보인 에셔(M. C. Escher)의 에칭을 들 수 있다. 같은 공간인데도 한쪽에서 지붕을 받치고 있는 기둥이 다른 쪽에서는 천장과 합쳐지고, 분수는 중력에 저항하며, 물고기와 새가 절묘하게 교차하는 판화를 통해 에셔는 외형적인 가능성의 한계에 끊임없이 도전했다. 그의 도발적인 창의력은 어째서 신이 바퀴 달린 생물을 창조하지 않았을까, 이런 의문을 품으면서 시작됐다. 에셔는 그렇다면 그런 생물을 직접 그려보겠다는 과대망상적인 창의력을 발휘했고, 그 결과 대단히 놀라운 드로잉이 탄생했다.

하지만 하이브리드 사물에 내재된 신화창조의 특징이 전부 이렇게 광적이거나 전능할 필요는 없다. 1980년대에 한창 유행했던 트럭이나 로봇에서 동물이나 사람으로 형태를 바꾸는 변신 장난감 같은 건 성격이 아주 밝다. 생물과 무생물을 연결해서 장난스러운 상상력의 영역으로 끌어들인 이런 예들은 내면과 외부 세계 사이에서 고군분투하는 우리들의 가장 천진난만한 동심이 반영된 시도이다. 미국의 계관시인 빌리 콜린스가 쓴 「피조물들 Creatures」이라는 시는 그런 순간에 빛을 발하는 아름다움을 잘 포착해냈다.

햄릿은 구름의 모양에서 알아차렸지만 나는 그것들을 어린 날의 가구에서 보았지, 나무 표면 밑에 갇힌 피조물들을. 윤나게 닦은 식기살강 속에 가라앉은 게 하나, 의자 등받이에서 인상을 쓰고 있는 게 하나, 우리 어머니의 고요한 옷장에서 울부짖는 게 또 하나. 단풍나무의 결에 갇혀서, 떡갈나무 속에 옴짝달싹못한 채 갇혀서.

하이브리드를 대하는 우리의 감정적 반응

콜린스의 시는 건조하게 분리되어 있는 사고의 틀을 뛰어넘어 상상력의 우주로 향한 문을 자연스럽고도 우아하게 열어 준다. 고착된 경계를 그렇게 물 흐르듯 유연하게 넘나들 때면 저 멀리에서 새로운 세계의 윤곽이 서서히 드러난다. 모자에서 토끼가 튀어나오고, 스프링 인형도 더 이상 상자 속에만 갇혀 있지 않다. 뼈가 변하여 피가 되고 상전은 벽해가 된다. 지팡이는 칼을 숨기고 있으며 타조 알은 납골단지가 된다. 이것이 바로 하이브리드의 세계다.

우리는 얼핏 별개인 것처럼 보이는 사물들이 한데 어우러져 조화롭게 기능하는 모습을 일상 속에서 끊임없이 목격한다. 그런 경험은 긍정적이고 낙관적인 효과를 발휘한다. 디지털과 아날로그가, 기름과 전기가 조화롭게 작용할 수 있다면 우리네 일상에서 잘 맞지 않아 충돌하는 것들, 심지어 분열된 내면의 자아들도 언젠가는 그렇게 어우러지고 합쳐질 수 있지 않을까. 하이브리드 사물은 우리에게 그런 희망을 준다. 그러니 이쯤에서 조금 솔직해지자. 누구나 내면에 상충하는 성향을 지니고 있다. 이중성은 우리의 본성과 닿아 있는 특징이다. 동물성과 인간성, 아이와 어른, 도덕과 비도덕, 여성과 남성, 자식과 부모, 공적인 면과 사적인 면, 이 밖에도 수많은 영역에서 발견되는 분열과 불화는 우리의 존재를 구성하는 특징인 것이다. 우리는 그것들의 통합을 시도하고 괴리의 간극을 좁힘으로써 삶의 평온을 갈구한다. 때론 사교적인 결속으로 봉합하기도 하고, 종교를 연고처럼 바르기도 하며, 심리 상담으로 내면의 통합을 이끌어내려고도 한다. 그럴 때 민담이나 시나 그림을 비롯한 창의적인 통로가 갈래갈래 나뉜 내면의 조각들 위로 상상의 다리를 놓아 준다면 얼마나 다행스럽겠는가. 하이브리드 사물이 바로 그런 다리이다. 하이브리드는 협동의 교향곡이고, 하이브리드 사물을 만날 때 우리는 그 선율을 즐거이 흥얼거린다.

하이브리드 사물은 본질적으로 초월성을 지닌다. 해묵은 문제에 새롭고 창의적인 해결책을 약속한다. 에어컨이 없어서 찜통더위에 녹초가 될 지경이라고? 그냥 참고 있을 이유가 없다. 펼쳐 읽던 신문이 부채가 된다. 기차에서 잠이 쏟아지는데 베개가 없어 불편하다고? 겉옷을 벗어 노트북 컴퓨터를 둘둘 싸면 즉석에서 베개가 만들어진다. 매일 똑같은 소파를 보는 게 지겹다고? 조립

소파라면 매주 새로운 형태로 변화를 줄 수 있다. 간단하다. 하이브리드는 이처럼 상상력의 새로운 광경을 펼쳐 보이며 우리를 행복하게 해 준다.

하지만 하이브리드는 기존 질서의 파괴에서 시작되는 게 아니던가. 원래 그 자리에 있었던 것을 바꿈으로써 그걸 사라지게 만드는 게 아니던가. 왜 아니겠는가. 그렇기 때문에 기존의 낡은 관습을 선호하는 사람들은 그걸 위협으로 받아들일 수도 있다. 빅토리아 스타일의 음침한 실내장식에서 안정감을 느끼는 사람에게 요즘 유행하는 조립식 소파를 판다고 상상해 보면 그들의 심리적 거부감을 어렵지 않게 짐작할 수 있다.

그러나 문제는 더 심각하다. 작금의 세계는 이제까지 경험한 적 없는 미증유의 변화 속을 통과하고 있다. 국가간 이민이 대단히 높은 수준에 이르렀다. 자유무역에 따른 세계화, 그리고 인터넷을 통한 문화의 확산은 지역과 민족, 종교의 정체성을 위협한다. 바야흐로 우리는 하이브리드 민족과 하이브리드 문화의 시대에 접어든 것이다. 이런 현상을 바라볼 때, 우리는 어떤 감정을 느끼게 될까.

하이브리드 vs. 근본주의

시계와 자동차에서 시작된 이야기가 이민자들이 겪는 이중적 문화와 정체성에 이어 '세계화된' 민족으로 이어지는 흐름이 조금 느닷없어 보일 수도 있겠다. 그러나 여기서 우리를 응시하는 유사성을 무시하기란 도저히 불가능하다. 물리적인 하이브리드 사물이 다양한 원천으로 구성된 것처럼, 점점 더 많은 사람들이 다양한 전통과 인종, 종교와 국적을 동시에 지닌 채 살아가고 있기 때문이다. 외따로 존재하는 부족과 외부의 영향으로부터 자유로운 지역 문화는 급속히 과거의 유물이 되고 있다. 영어가 링구아 프랑카lingua franca, 즉 혼성 국제어로 부상했지만, 새로 유입된 언어를 계속 받아들이면서 영어의 특징도 달라졌다. 다른 문화 간 결혼은 이제 흔한 일이 됐고, 그 사이에서 태어난 아이들의 자의식에는 서로 다른 두 전통의 날인이 찍힐 수밖에 없다. 이민율은 그 어느 때보다 높고, 그것이 내적 자아와 외적 행동에 미치는 영향은 무시할 수 없는 상태에 이르렀다.

기능적인 차원에서도 이와 비슷한 하이브리드화는 포착된다. 물론 지금도 유대율법을 고수하는 의사나 힌두교 신비주의자, 소위 와스프(WASP)라고 하는 앵글로색슨계 백인 신교도 골퍼와 흑인 운동선수 같은 이미지는 여전하다. 그러나 이런 고정관념을 야기했던 완고한 사회적 울타리로는 변화하는 세계의 추진력을 감당하기 어려운 지경에 이르렀다. 그에 따라 이제는 할리우드에서 활동하는 아랍인 코미디언, 월스트리트의 힌두교 브라만 금융전문가, 하레 크리슈나[힌두교의 크리슈나 신을 찬양하는 노래]를 부르는 백인을 보게 되었다. IT산업은 인도로 '아웃소싱'되고, 이란과 파키스탄 사람들이 손으로 짠 양탄자가 미국 중산층 가정의 거실에 걸린다. 인터넷은 정보의 초고속 통로를 제공하면서 공식과 비공식을 아우르는 보편적인 소통의 장으로 떠올랐다. 휴대전화와 이메일은 산맥과 사막과 바다로 가로막힌 사람들을 이어주는 전파의 끈이다. 그리고 이 모든 것이 세계 문화를 균질화시키는 강력한 힘으로 작용한다.

분할됐던 세계가 하나의 지구촌으로 재편되는 것을 경축하는 사람이 있는가 하면, 다른 한쪽에서는 사회적 규범의 낡은 지도를 여전히 끌어안고 있다. 그들은 연신 뒤를 돌아보며 과거의 것들을 윤색하고, 현재의 추세에 위협을 느낀다. 이들에게 이상적인 미래는 '영광스러운' 과거의 재현이다. 이들은 전자계산기 대신 묵주를, 청진기 대신 별자리 점을 선호하며 그것으로 시간의 흐름을 막으려 한다. 더 큰 문제는 이들이 지식보다 믿음을 앞세우고 경험으로 터득한 사실보다 '천상'의 지혜를 중시한다는 점이다. 이들에게 문화를 희석하는 짓은 용서받지 못할 죄이며, 기존 질서에 저항하는 행위는 관련된 모든 이의 상황을 개선해 주리라는 게 분명할 때조차 순수의 이름으로 혐오한다.

이 두 가지 경향, 즉 세계화와 근본주의는 세계 전역에서 상승하는 추세이다. 기독교와 이슬람과 힌두교와 유대교는 우리 시대의 이 사나운 역설의 영향에서 자유롭지 못하다. 저마다 주변의 다른 집단과 뒤섞이고, 그러는 와중에 역사와 전통 깊이 뿌리 내렸던 좌표를 상실한다. 하이브리드의 징후들이 나타난다. 그리고 이런 흐름에 대한 반동으로 정통성을 부활시켜 순수한 상태로

어떤 것   129

의 회귀를 시도한다. 하이브리드와 근본주의라는 양극단이 동시 다발적으로 터져 나온 것도 놀랄 일이 아니다. 그런 현상을 바라보는 입장에서는 다만 서로 다른 신념이 융화되어 현재에 뿌리를 두면서도 과거와 완전히 단절되지 않은 미래로 가는 길을 만들어주길 희망할 뿐이다. 여기서 문득 도널드 위니콧[영국의 소아과전문의이자 아동심리학자]의 유명한 말, "과거에 기반을 두지 않은 독창성은 없다."는 말이 떠오른다. 하지만 순수주의자들도 그렇게 생각할지는 의문이다.

또 다른 지팡이

나는 열두 살이다.

2년 전에 영화에서 봤던 섬뜩한 지팡이의 기억은 완전히 사라졌다. 이번엔 인도 북동부의 나이니탈이라는 아름다운 산악 휴양지로 보름간의 수학여행을 떠나는 중이다. 버스를 타고 가다가 점심을 먹기 위해 멈춘 곳은 해발 1,219미터에 위치한 할드와니라는 작은 마을이다. 선생님은 떠나기 전에 경치를 감상하라며 15분의 자유 시간을 준다. 나는 나무로 만든 기념품 가게에 간다. 그곳엔 각종 식기와 탁자, 보석함 같은 물건이 가득하다. 이리저리 돌아다니던 내 눈에 지팡이가 들어온다. 손잡이에 사자 머리를 정교하게 조각한, 튼튼하면서도 매끈한 지팡이다. 할아버지께 사드리고 싶다는 생각이 든다. 할아버지에겐 이미 여러 개의 지팡이가 있지만 이걸 추가한다면 무척 기뻐하실 것 같다. 나는 여비로 받은 용돈을 털어 지팡이를 산다.

그리고 수학여행을 하는 보름 내내 그 지팡이를 가지고 다닌다. 지팡이는 내 마음을 편하게 해준다. 그걸 옆에 두고 있으면 어쩐지 할아버지와 함께 있는 것만 같아 든든하고 안심이 된다. 여름캠프에 어둠이 내리면 손잡이의 사자머리는 미소를 짓는 귀여운 곰 인형이 된다. 노인의 걸음을 지탱해 주는 지팡이가 소년의 잠을 편안하게 해준다. 칼을 숨기고 있던 지난 번 지팡이처럼 이것도 하이브리드다. 단지 이번에는 속에 숨긴 것이 무형의 요소이며, 증오가 아닌 사랑이라는 점이 다를 뿐이다.

짝퉁들

FAKE THINGS

2002년 봄, 전 세계의 고고학자와 신학자,
골동품 수집가와 기자들은
한 석회암 상자의 발견에 놀라움을 금치 못했다.
그게 예수 그리스도의 동생인 야고보의
유골함이라는 것이었다.

반짝이는 분홍색, 솔직히 조금 위협적인 모양새. 끝끝내 만져 볼 용기가 나지 않았던 그것은 우리 할아버지의 틀니였다.

굴곡진 입천장에 맞춰 둥그스름하게 만든 반원형의 왁스나 플라스틱 틀에 상아빛 도는 흰색 이를 가지런히 박은 물건. 할아버지는 이따금 그걸 빼서 컵에 담가놓거나 탁자에 그냥 내려놓기도 했다. 아홉 살인가 열 살 무렵이던 나는 그걸 물끄러미 쳐다보곤 했다. 틀니에는 묘하게 사람을 끌어당기는 힘이 있었고, 그러면서도 어쩐지 심란했다. 지금까지도 나는 그런 상반된 느낌의 이유를 알 수 없다. 그저 으레 음식을 앞에 놓고 그걸 다시 끼우는 할아버지를 보면 그 심란함이 손에 잡힐 듯 증폭됐던 것만 생생히 기억난다. 할아버지가 틀니를 끼우는 걸 보면 왠지 불안해졌다. 어린 내가 생각하기에 뭔가를 입에 넣는다는 건 그걸 먹는다는 뜻이었고, 그래서 할아버지가 그걸 삼키지 않을까 겁이 났다. 이전에 한번도 그런 적이 없다는 사실이 마음을 달래주긴 했어도, 그런 안도감은 할아버지가 그걸 입에 넣으려고 집어 드는 순간 사라졌다.

할아버지의 틀니는 내가 처음 본 나클리(내 모국어인 우르두어에서 '인공적'이라는 뜻을 지닌 낱말)였고, 내 인생에 적잖은 영향을 미쳤다. 어쩌면 이런 내가 조금 유난스러워 보일지도 모르겠다. 사실 세상에 존재하는 거의 모든 것이 인공적인 물건이지 않은가. 의자와 시계, 포크와 나이프, 넥타이와 구두와 전기면도기. 사람의 손으로 만들어진 건 사전적 의미에서 모두 '나클리'다.

그러나 여기서는 그 의미를 조금 구체적으로 좁혀서, 본래의 자연적인 것을 대체하기 위해 일부러 만든 사물만을 지칭하기로 하자.

나이가 들고 경험의 폭이 넓어지면서, 특히 의사가 되기 위해 교육을 받는 동안 나는 인간의 삶에서 차지하는 인공적인 물건의 유용성을 많이 접하게 됐다. 이를테면 무릎 관절에 박는 철심과 의안, 쇠로 만든 두개골판, 관상동맥에 삽입하는 라텍스 풍선 같은 것들이었다. 인공적인 물건이긴 해도 자연의 질서를 거스르지 않고, 오히려 자연과 힘을 합쳐 본연의 역할을 수행하도록 도와주었다. 의학의 모든 분야가 그렇지만, 그중에서도 정형외과나 성형외과는 인체모형에 대한 의존도가 유난히 높다. 예의범절이라는 걸 배우기 시작하면서 처음에는 그것도 어쩐지 '인공적'인 태도처럼 느껴졌고, 그런 과정을 거치면서 나는 차츰 나클리를 인정하게 됐다. 자알리라는 말을 알게 되기까지는. 내 모국어에서 이 말은 '가짜'를 뜻했다. 자알리라는 말은 나를 혼란에 빠뜨렸다. 나클리와 자알리, 그러니까 인공과 가짜의 차이를 파악하는 것이 시급한 문제가 됐다. 그러나 50년 가까운 세월이 흐른 다음에야 나는 비로소 그 문제를 진지하게 고민하기 시작했다.

인공 vs. 가짜

인공물과 가짜의 차이는 세 가지로 정리할 수 있다. 첫 번째이자 가장 중요한 건 인공물의 경우 인조라는 성격을 공공연히 인정한다는 것이다. 예를 들어 의수족이나 의안은 진짜 팔다리라거나 눈을 자처하지 않는다. 인공물은 근본적으로 '정직'하다. 반면에 가짜는 존재의 한가운데에 기만이 도사리고 있다. 위조지폐는 진짜 행세를 한다. 날조된 서명이 진짜의 법적 지위를 가로채려 한다. "저를 있는 그대로 받아들여 주세요!"라고 말하는 인공물과는 달리 가짜는 이렇게 속삭인다. "나는 내 본질을 드러내지 않을 거야."

인공물과 가짜 사이에 놓인 또 다른 차이점은 그것으로 인해 이익을 취하는 사람이 다르다는 것이다. 인공물은 그걸 사용하는 사람에게 혜택이 돌아간다. 의료용 보철물도 그렇고, 예술품이나 골동품을 모사하거나 복제한 것 역시 마찬가지다. 몸의 기능을 상실했던 사람은 의수족의 사용으로 자존감이 높아진다. 인공물이 그의 행복에 이바지한다. 반 고흐의 「별이 빛나는 밤」 모사화를 벽에 걸거나 에펠탑 축소모형을 장식장에 놓는 것도 다르지 않다. 그게 진짜가 아니며 복제품일 뿐이라는 사실을 인지할 때조차 그건 우리에게 즐거움을 준다. 골동품을 본떠서 만든 가구 역시 마찬가지다. 그 의자와 탁자가 복제품이라는 걸 알더라도 거기에 담긴 옛 정취가 느껴진다. 이렇듯 인공이라는 사실을 받아들임으로써, 빌려온 것이나마 그 위대함을 통해 대리만족을 느낀다. 이런 물건들은 대체로 그걸 구입하는 사람에게 이익이 돌아간다.

반면에 가짜는 오로지 그걸 만들고 유통시키는 사람의 이익에만 봉사한다. 위조지폐나 날조된 골동품을 통해 이익을 챙기는 사람은 누구인가? 가짜 희귀 원고를 정교하게 만들어 팔아 이득을 보는 사람은 누구인가? 이런 물건을 구입하는 사람은 금전적인 손해도 손해려니와 바보 같이 속아 넘어갔다는 수치심까지 감수해야 한다. 순진함의 문을 통해 무력한 회한의 방으로 들어서는 것이다. 자존심에 상처를 입은 구매자의 반대편엔 돈을 챙기고 의기양양해하는 위조꾼들이 있다.

인공물과 가짜의 마지막 다른 점은 그걸 대하는 우리의 정서적 태도이다. 인공물에는 존경과 겸손이 담긴다. 모네의 「수련」이나 다빈치의 「모나리자」 모사화를 그리는 사람의 마음속엔 거장을 향한 존경심과 그를 닮고 싶은 욕망이 있다. 거장에 비해 자신이 열등하다는 사실을 인정한다. 어쨌거나 독창성을 발휘하지 못하고 모사화를 그리는 형편이니까. 그는 거장의 공공연한 추종자이며 일종의 제자이다. 그러나 이렇게 거장의 발치에 다소곳이 앉기는커녕, 위조꾼은 그에 버금가는 위상을 차지하려 든다. 위조꾼이 대개 오만불손하고 자기중심적인 것도 무리가 아니다. 심미안이 뛰어날지는 모르지만, 전체적으로 봤을 때 기껏해야 식견을 갖춘 아마추어일 뿐 예술가는 될 수 없다. 작품이라고 해봐야 한 분야에 모든 걸 쏟아 부은 노력의 산물이 아닌, 그저 얄팍한 재주를 부린 것이기 때문이다. 오스카 와일드나 앤디 워홀처럼 삶에서 천재성을 발휘하고 작품에는 재능을 쏟은 것이다.

가짜는 본질적으로 사물의 물질적인 면만을 다룬다. 가짜의 목표는 제 본질, 즉 진짜가 아니라는 사실을 숨기는 데 있다. 가짜의 핏속엔 기만이 흐르고, 허위와 거짓이 그들의 언어다. 그러나 더 심각한 문제가 발생할 수 있다. 겉만 번지르르한 미사여구와 왜곡된 창의력에 현학적인 허세가 결합되어 노골적인 날조가 탄생할 수 있기 때문이다.

신성한 뼈를 담은 상자

2002년 봄, 전 세계의 고고학자와 신학자, 골동품 수집가와 기자들은 한 석회암 상자의 '발견'에 놀라움을 금치 못했다. 그게 예수 그리스도의 동생인 야고보의 유골함이라는 것이었다. 『성서 고고학 리뷰』 지면을 통해 유골함의 발견 사실을 전한 프랑스 학자 앙드레 라메르는 그게 진짜라고 확신했다. 예수가 살았던 당시의 유대인들에겐 시체를 매장했다가 1년쯤 지난 후에 뼈를 수습해서 뚜껑이 있는 석회암 상자에 담는 풍습이 있었다. 야고보의 유골함은 종교적으로나 역사적으로도 의미가 컸고, 그것의 진위에 세계적인 관심이 쏠린 건 당연한 일이었다. 학계 전문지에서 열띤 토론이 오가고, 고고학 탐정들이 확대경을 들고 달려들었다. 이스라엘 지질 조사단과 이스라엘 문화재청에서도 조사에 착수했다.

결국 이 '고대' 유물은 현대에 날조된 것으로 드러났다. 본격적인 조사에 들어가자 수많은 허점이 드러났다. 상자만 보더라도 야고보의 유골함임을 나타내는 글자가 갓 새긴 것처럼 선명했다. 더구나 오랜 세월 동안 박테리아로 인한 석회암 부식이 글자에는 전혀 영향을 미치지 않았다는 사실은 나중에 새겨 넣었다는 증거였다. 유골함이 발견된 정확한 출처를 추적할 수 없다는 사실도 유골함의 진위를 의심하게 만든 또 다른 이유였다.

이 얘기도 상당히 흥미롭다. 조사 결과, 앙드레 라메르는 예루살렘의 한 시장에서 우연히 만난 오네드 골란이라는 수집가로부터 이 유골함의 존재를 알게 됐다고 한다. 텔아비브 출신의 사업가인 골란은 라메르가 관심을 가질 만한 물건이 많다며 접근했는데, 야고보의 유골함도 그중 하나였다. 그렇다면 골란은 이걸 어디서 손에 넣었을까? 골란은 약 30년 전에 구도시의 어느 아랍 골동품상에게서 샀다고 주장했다. 하지만 그 아랍 골동품상의 자취는 어디서도 찾을 수 없었다! 골란의 주장은 여기서부터 신빙성이 떨어졌다. 게다가 유골함에서 나왔다는 뼛조각을 전시는 커녕 검사조차 못하게 했다. 골란은 그 뼛조각들을 집에 있는 플라스틱 용기에 담아뒀다고 말했다!

사람들은 왜 가짜를 만들까?

오데드 골란은 현재 위조 및 사기 혐의로 이스라엘 경찰의 조사를 받고 있다. 그의 인생역정은 한 편의 드라마로 만들기에 손색이 없다. 하지만 그래봐야 깜짝 놀랄 만한 골동품을 '발견'하고 위대한 예술품을 '창조'했다고 주장하는, 세상에 널린 위조범이나 날조꾼 가운데 한 명일 뿐이다. 이들은 대체 왜 그런 짓을 하는 걸까? 어째서 진짜가 아닌 걸 진짜로 속이려는 걸까? 사람들은 왜 사기를 칠까?

표면적인 이유는 단순하다. 예술을 가장한 위조로 손에 넣는 어마어마한 이익을 생각하면, 이런 '기만적인 창조'의 첫 번째 동기가 바로 경제적 이익이라는 걸 쉽게 알 수 있다. 그런데 예술이 상업화되기 전까지는 거장의 작품을 모사하는 게 위조가 아닌 존경의 표현으로 인식됐었다. 모사화는 진품 행세를 하지 않았고, 목적도 경제적인 이익에 있지 않았다. 문화와 골동품에 대한 관심이 예술의 금전적 가치를 높이고, 그에 편승해서 '모사품'을 진짜로 속이려는 경향은 르네상스가 도래하면서부터 시작됐다. 그렇게 날조를 하면 돈을 벌 수 있었기 때문이다.

이런 사업으로 부를 축적한 자들의 목록은 대단히 길다. 그 중에서도 특히 기만적인 재주로 엄청난 거액을 챙긴 예술 위조가로 두 사람을 들 수 있는데, 가짜 베르메르 그림을 수없이 만들어 낸 네덜란드의 화상 한스 반 메헤렌(1889~1947)과 평생 100명이 넘는 화가들의 그림을 2천 점 넘게 위조한 영국의 사기꾼 톰 키팅(1917~1984)이다. 그러나 이런 거물급 위조꾼이 버는 돈도 세계적인 예술품 위조단이 거둬들이는 이익에 비하면 보잘 것 없다. 그리고 그럴 듯한 가짜가 두둑한 보상을 제공하는 분야가 예술에만 국한된 것도 아니다. 유명인의 사인이나 희귀 원고, 옛날 사진, 편지, 심지어 우표나 동전처럼 일견 평범한 수집의 영역에서도 가짜는 널리 유통되고 있다. 어느 분야에서건 거액을 챙겨 자취를 감춘 위조범과 사기를 당한 사람의 안타까운 사연은 밤새도록 얘기할 수 있을 정도다.

뉴욕주 개리슨에 사는 거래상이자 수집가인 브루스 기멜슨은 인터넷이 미심쩍은 물건을 대량으로 유통시키는 통로 역할을 하면서 가짜 때문에 갈수록 골머리를 썩고 있다고 주장했다.

위조품과 가짜가 인터넷을 통해 아무런 제약 없이 거래되면서 점점 심각한 문제가 되고 있습니다. 현재 베이브 루스와 루 게릭과 관련된 가짜 물건은 예전에 비해 100배는 늘어났을 겁니다. 수족 인디언 추장인 시팅불과 비틀즈의 경우도 비슷합니다. 그런 것들이 사고 팔리는 걸 보고 있으면 놀라울 따름입니다. 얼마 전에는 어떤 딜러가 자신이 파는 사인이라며 이메일을 보냈는데 그중에 험프리 보가드의 사인이 있더군요(험프리 보가트가 아니라). 정말 믿을 수가 없었습니다.

그런 가짜들은 대부분 일확천금을 노리지만, 금전적인 이익만이 위조꾼들의 유일한 동기는 아니다. 여기에도 정서적인 요인이 작용하는 듯하다. 다음은 그중에 두드러진 것들이다.

◇ '성공적'인 위작은 다른 사람들을 속였다는 비틀린 즐거움을 준

something

다. 자신에 비하면 다른 사람들은 전부 멍청한 바보 같아 보인다. 자신만 똑똑하고 다른 사람은 멍청하다. 그들의 순진함을 제물삼아 만끽하는 가학적인 승리감은 통쾌한 조롱이다. 위조범 중에는 오랜 열등감과 무기력감에 시달린 경우가 많은데, 위조 행위를 통해 그런 감정을 해소하는 것이다.

◇ 위작의 거래는 사회 일반의 도덕률에 저항하는 행위다. 법규를 위반하는 건 물론이다. 그렇기 때문에 위조를 하고 그 물건을 파는 것은 권위에 대한 불만의 분출구가 된다. 사기꾼의 반발과 허세는 기존 질서의 뺨을 후려치는 행위다. 항상 도사리고 있는 체포의 두려움도 저항의 짜릿함을 더해 준다.

◇ 그런가 하면 가짜는 마법사가 된 듯한 기분도 안겨 준다. 지하실에서 위조지폐를 만들면 단번에 '부자'가 되고 싶었던 어린 시절의 꿈이 이뤄지는 것 같다. 세잔이나 피카소의 그림을 며칠 만에 쓱쓱 완성하면 시대를 마음대로 오가며 그들의 천재성을 내 것으로 만드는 것 같다. 손가락을 튕겨서 마법을 부리는 것처럼 간단하게. 얼마나 근사한가.

위조꾼의 심리상태를 살펴봤으니 이번엔 그 대척점, 즉 위조꾼에게 속아 넘어간 사람들의 감정을 헤아려볼 순서다. 사기의 피해자가 되면 분노와 수치심이 뒤섞인 감정을 느끼게 된다. 배신에 상처를 입고, 그렇게 쉽게 속았다는 사실이 민망하다. 여기까지는 이미 앞에서 얘기한 바 있다. 하지만 피해자가 아니라 위조와 사기를 옆에서 목격한 경우엔 어떨까? 단언하지만, 이렇게 '안전한' 상황에서도 우리가 느끼는 반응은 단순하지 않다. 소위 '문명인' 의 본성과 관련된 대단히 근본적인 면모가 드러나는, 뒤엉킨 감정 을 경험하게 되기 때문이다. 더 중요한 건, 위작을 만들어 낸 생산 자와 사기행위를 목격하는 사람 사이에 음모에 가까운 관계가 형 성된다는 사실이다. 우리가 그의, 또 어쩌면 그가 우리의 종범(從 犯)일지도 모른다. 하지만 이 얘기를 하기에 앞서, 유명한 위조꾼 한 명을 만나보기로 하자. 뒤이어 나올 심란한 이야기를 받아들 일 마음의 준비를 할 수 있을 것이다.

조셉 코지를 소개합니다

1887년에 뉴욕에서 태어난 조셉 코지는 20세기 미국의 가 장 악명 높은 위조꾼이라고 할 수 있다. 어려서부터 경찰서를 드 나들더니 군대에서는 동료 병사에게 폭력을 휘둘러 불명예제대를 당했다. 그 후로는 부도 수표를 유통시키거나 가짜 신분증을 사 용하고, 가게의 물건을 슬쩍하는 정도의 '경미한' 죄로 여러 번 투 옥되었고 결국에는 캘리포니아에 있는 산퀜틴 교도소에서 10년 형을 살았다.

하지만 이런 처벌로도 그는 바뀌지 않았고, 1929년에 마침 내 놀라운 위조의 길에 들어섰다. 인생의 터닝포인트라고 할 만 한 순간이었다. 마흔두 살의 코지는 국회도서관에서 벤저민 프랭

something

클린이 서명한 문서들을 열람했다. 그러고는 그걸 훔쳐서 가지고 나왔지만 곧바로 팔아치우는 대신, 프랭클린의 서명을 흉내 내기 시작했다. 충분한 연습으로 서명이 손에 익자 설마 가짜일 거라고는 추호도 의심치 않는 사학자나 서명수집가들에게 '프랭클린'이 서명한 문서를 무수히 팔아넘겼다.

조셉 코지의 생애를 자세히 다룬 법정텔레비전방송국의 웹사이트에 가 보면 그가 프랭클린뿐만 아니라 조지 워싱턴과 토머스 제퍼슨, 에이브러햄 링컨, 마크 트웨인, 월트 휘트먼, 그리고 에드거 앨런 포를 비롯한 미국의 전설적인 여러 인물들의 서명도 위조했다고 나와 있다. 낡은 종이와 오래된 잉크를 사용하는 등 워낙 세심한 주의를 기울였기 때문에 한번도 발각되지 않았는데, 1937년에 에이브러햄 링컨의 편지를 팔려다가 덜미를 잡히고 말았다. 코지의 필체는 계속 젊은 시절에 머물렀던 데 반해 실제의 인물들은 나이가 들면서 필체가 달라졌고, 당시에는 아직 나오지도 않았던 쇠 펜촉을 사용하는 실수를 범했기 때문이다. 그는 결국 다시 교도소에 갇히는 신세가 되었다.

그리고 칠십이던 1953년에 후사도 없고 재산도 없는 빈털터리로 세상을 떠났다. 그러나 전문가들은 그가 위조한 문서 중 상당수가 아직도 박물관에 보존되어 있을 거라고 주장한다. 더 놀라운 건, 그의 정교한 위작 자체가 수집의 대상이 되었다는 사실이다. 교활하게 사기를 친 가짜가 선량한 시민의 집에 자랑스레 전시되어 있는 것이다. 끝까지 개전의 정을 보이지 않았던 사기꾼이 그 이상 뭘 더 바라겠는가.

위작을 대하는 우리들의 감정

이제 당사자가 아닌 입장에서 위작과 사기를 접했을 때의 감정적인 반응을 다뤄 볼 때가 됐다. 이때의 반응은 상당히 다양해서, 어떤 경우는 더 따져볼 것도 없이 분명하고 또 어떤 반응은 곰곰이 생각하고 심리를 깊이 들여다본 후에야 실체가 드러난다.

우리는 제3세계에서 만든 조악한 바비 인형이나 엉성하게 흉내 낸 프랑스 향수, 대형마트에 납품되는 가짜 진주목걸이, 뉴욕의 길모퉁이에서 파는 롤렉스시계, 먼 나라의 노동자를 저임금으로 착취해서 만들어 낸 명품 핸드백과 디자이너 의류를 볼 때 느끼는 냉소에 익숙하다. 우리는 그 물건들을 비웃는다. 이런 태도는 사기 행위에 대한 보편적인 반발심을 반영한다. 그리고 자신의 진실하지 못한 면을 부인하는 마음도 작용한다. 가짜를 비웃으면 자신은 온전히 진실한 사람이 되는 것 같다. 위조품에 대한 우리의 혐오감은 이렇게 이기적이다. 이것 역시 일종의 속임수인 것이다.

하지만 가짜나 위조품이 우리 마음속의 어떤 충동, 그리 자랑스럽지 못한 충동에 대리만족을 제공하는 경우가 없지 않다는 건 더 민망한 노릇이다. 땀 흘려 노력하면서 능숙해질 때까지 기다려야 하는 것에 조급증이 났던 어린 시절의 기억이 교묘한 위조

something

꾼을 향한 은밀한 동질감으로 변질될 수 있다. 그 위조꾼은 우리가 어쩔 수 없이 포기했던 전지적인 능력이 결국은 충족될 수 있는 바람이었다고 말해 주는 것 같다. 차근차근 배우고 열심히 노력해야 하는 합법적인 경로 외에 또 다른 지름길이 있다고 속삭이는 것이다. 그러면 우리는 그 유혹에 기꺼이 빠져든다. 위조꾼과 우리가 맺는 비밀스런 관계란 이런 식이다. "텍사스의 아무개가 반 고흐의 그림을 똑같이 그릴 수 있다면 우리도 뭔가 대단한, 어쩌면 불가능한 일을 해낼 수 있을 거야. 그가 이렇게 규범을 무시하고 세상을 조롱하는데, 그렇다면 우리도 금지된 것을 할 수 있지 않을까." 가짜를 접할 때 우리가 이렇게 은밀한 짜릿함과 죄책감이 뒤섞인 통쾌함을 느끼는 것도 무리가 아니다. 100달러짜리 위조지폐를 손에 쥐고 있다고 상상해 보면 이 말을 이해하기가 한결 쉬울 것이다.

조잡한 모사품보다 정교한 가짜를 높이 평가하는 태도에서도 인간의 본성에 가까운 특징이 드러난다. 감쪽같이 속아 넘어갈수록 가짜가 주는 기쁨은 더 커진다. 이유가 뭘까? 정교한 가짜를 보며 느끼는 즐거움은 단지 미학적 차원의 것일까? 로댕의 생각하는 사람이나 피사의 사탑 모사품을 좋아하는 이유가 원작에 가깝기 때문일까? 아니면 더 정교한 가짜는 더 꼼꼼한 노력을 기울였고, 그만큼 원작자에게 존경을 바쳤다고 간주하기 때문일까? 두 가지 질문에 대한 대답은 모두 우렁찬 "그렇다"이다. 정교한 위조품에 더 호의적인 반응을 보이는 이유는 명백하게 미학적인 차원이다. 원작을 쏙 빼닮은 모사품은 원작에 대한 존경심을 일깨운다. 모두가 바람직하게 여기는 감정이다. 정교한 위조품을 보면서 우리는 마법에 대한 동경심과 노력의 가치를 인정하는 태도가 적절한 타협을 이룬, 일종의 균형을 느낀다. 그것은 이를테면 부모님의 허를 찌르고 싶은 한편으로 그들을 한 수 위의 존재로 남겨놓고 싶기도 했던 어린 날의 바람을 충족시킨다. 누구나 마음 한 구석에는 어린 시절의 이런 바람이 남아 있기 때문에 정교한 가짜를 '사랑한다'고 해도 놀랄 일은 아니다.

회색지대

위조품의 교활하고 어딘가 사악한 면을 강조하기는 했지만, 노골적인 가짜가 적잖은 재미를 안겨주는 경우도 지적하지 않을 수 없다. 모노폴리 게임의 가짜 지폐, 할로윈 때 차려 입는 의상들, 영화와 연극, 그리고 미키마우스 등은 '가짜'가 줄 수 있는 큰 즐거움의 대표적인 사례들일 것이다. 이런 것들은 잠시나마 고달픈 현실의 짐을 덜어 준다. 우리는 현실처럼 가혹하지 않은 환상의 세계로 빠져든다. 어른이 되어 책임이라는 무거운 짐을 지게 됐다고 해서 환상이 제공하는 멋진 쇼를 포기해야 한다는 뜻은 아니다. 프렌치프라이나 텔레비전이 그렇듯, 가짜라고 해서 다 나쁜 것만은 아니다. 자녀의 몸에 새겨진 문신이 가짜라는 사실을 알았을 때 부모가 느낄 안도감을 생각해 보라.

something

게다가 진짜와 인공과 가짜 사이의 구분은 생각만큼 엄밀하지 않다. 진품과 모조품 사이에 일정한 교집합이 존재하는 경우도 드물지 않다. 어렵지 않게 몇 가지 예를 생각해 볼 수 있다. 야고보의 유골함만 하더라도 처음엔 진짜로 여겨졌지만 나중에 가짜임이 드러났다. 그런가 하면 베르메르의「버지널 앞의 여인」은 1947년부터 가짜 취급을 받아오다가 2004년 3월에 결국 진품으로 판정이 났다. 이렇게 일시적으로 뒤바뀌는 것 외에, 우리 주변의 사물 중에서도 진짜와 가짜가 뒤섞인 것을 심심찮게 볼 수 있다. 식민지시대풍 가짜 골동품 탁자 위에 어린 딸이 다섯 살 때 그린 그림을 액자에 넣어 올려놓는 것도 진짜와 가짜의 공존이다. 앞의 것은 가짜고 뒤의 것은 진짜다. 진짜-인공-가짜의 구분이 특정한 사물의 성격에 눌리는 경우도 있다. 휴대전화에서 흘러나오는 수백 킬로미터 떨어진 친지의 목소리, 벽난로 선반에 놓인 작고한 조부모님의 사진, 로스쿨 회랑에 걸린 유명한 졸업생들의 엄숙한 초상화들이 전부 그런 것들이다. 여기엔 진짜와 인공과 가짜의 요소가 모두 담겨 있고, 어느 것이 얼마씩이라고 따로 떼어낼 수 없을 때가 많다. 그리고 현실에 가미된 이런 기꺼운 환상들로 인해 우리의 삶은 뒤죽박죽 혼란스럽기는커녕 더 풍부해진다.

nothing

그리고 자취 없이 사라지는 것

잊어버리고, 잃어버리고,
내버리기

우리가 자취를 감춘 후에도 이것들은 남겠지
그리고 우리가 사라졌다는 사실을 끝내 모르겠지.
호르헤 루이스 보르헤스, 「사물들」 중에서

MISPLACING, LOSING AND LETTING GO OF THINGS

우리 집 창고에는 옷가방이 하나 있다.

마분지 상자들, 낡은 신문과 폐지 더미, 맥주와 콜라캔이 가득한 통, 이음매가 헐거워진 사다리와 둘둘 말린 호스들 사이에 옷가방 하나가 놓여 있다. 청회색의 그 가방은 대단히 무겁고 자물쇠가 채워져 있다. 벌써 3년째 시멘트벽에 기대 서 있다. 그리고 그 가방엔 이런 사연이 있다.

2001년 가을의 일이다. 프라모드 바티아라는 인도 친구가 귀국을 결심했다. 혼자 살면서 소유를 절제했던 친구는 집도 사지 않았고 자동차도 없었다. 가구는 물론이고 텔레비전까지 대여해서 사용했다. 15년 가까이 미국에 사는 동안 최소한의 물건만을 구입했다. 마치 언제라도 떠날 수 있게 준비를 하는 듯했다. 그러다 마침내 그 순간이 왔고, 그의 물건을 담는 데는 옷가방 두 개면 충분했다. 하나는 그가 인도로 가져갔고, 하나는 1년 안에 찾으러 오겠다면서 나한테 맡겼다. 그게 벌써 3년 전의 일이다.

소식은 가끔 듣는다. 이따금 이메일이 오고, 아주 드물게 전화 통화를 한다. 친구는 인도 북부의 산골 마을에서 작은 호텔을 운영하며 은둔자처럼 살고 있다. 어쩌다 연락을 해도 옷가방에 대해서는 가타부타 말이 없다. 나도 굳이 묻지 않는다. 그 얘기를 꺼내려고 생각하면 왠지 모르게 마음이 불편하다.

나는 친구된 입장에서 그의 옷가방을 간직한 채, 언젠가는 그가 이걸 찾으러 올 거라고 혼자 생각한다. 그런데 정신분석학자의 입장이 되면 그가 이걸 완전히 내버리고 싶었지만 의지가 부족했고, 그렇기 때문에 이걸 맡은 사람이 처분할 수밖에 없도록 무작정 방치하는 상황을 꾸며냈다고 진단한다. 그러면 내 친구는 가방을 내버린 게 아니라 '잃어버린' 게 될 테니까. 그게 없어졌다는 얘기를 들으면 겉으로는 낙담한 시늉을 할 테지만 마음 한구석에선 안도의 한숨을 내쉴지 모른다. 이건 사람들이 자기 자신과 벌이는 서글픈 게임이다. 장담하지만, 이 책을 읽는 여러분이나 나 역시 이 게임에서 완전히 자유롭지는 못하다.

물건과 헤어지는 건 너무나 가슴 아픈 일이라 그렇게 해서라도 자신의 의도를 감출 필요가 있다. 작별의 인사는 생명이 없는 사물에게 할 때조차 결코 쉽지 않다. 슬픔에 휩싸이고, 변명을 늘어놓고, 헤어지는 시점을 늦추기 위해 온갖 노력을 기울인다. 하지만 삶은 시시때때로 우리에게 애정 어린 물건과 헤어질 것을 강요한다. 그리고 통제할 수 없는 사건으로 인해, 또는 어디다 뒀는지 잊어버리는 바람에 물건을 잃어버릴 때도 있다.

잊어버리고, 잃어버리고

물건에 작별을 고하는 가장 흔한 방법은 '잃어버리는' 것이다. 이럴 경우 당면한 이별에 따른 감정을 정리하기도 전에 물건이 사라진다. 의도적으로 관계를 단절하는 것과는 달리, 물건이 먼저 자취를 감추고 그 다음에 이별의 슬픔을 감당해야 한다. 이런 상황은 특정한 물건에 대한 감정이 충돌할 때 벌어지곤 한다.

예순 살의 보험설계사인 마일스 케인은 은혼식을 기념하고 얼마 지나지 않아 마이애미로 출장을 가게 됐다. 그리고 어쩌다가 같은 호텔에 묵은 이탈리아 여자와 하룻밤을 보내게 됐다. 아침이 밝아서야 죄책감이 밀려 왔지만, 중요한 회의가 있었기 때문에 꺼림칙한 기분을 애써 무시하며 일에 집중했다. 그런데 저녁에 호텔로 돌아와 짐을 꾸리려다 보니, 지갑이 없었다. 깜짝 놀라 호텔방을 샅샅이 뒤지고 옷마다 주머니를 살펴봤다. 동료들과 점심을 먹은 식당에도 전화를 해 봤지만, 어디서도 찾을 수 없었다. 그의 지갑은 분실됐다. 아니, 어쩌면 그가 '분실했다'고 말해야 할지도 모른다.

아내를 속인 죄책감에 돈과 신용카드를 '분실하는' 것으로 스스로를 벌준 건 아닐까. 그러면서 지갑에 넣고 다니던 아내와의 은혼식 사진도 함께 버린 건 아닐까.

잃어버리는 물건마다 전부 이렇게 음흉한 사정이 있는 건 아니다. 단순한 우연일 때가 더 많다. 서두르느라, 부주의해서, 다른 일에 정신을 팔다가 그렇게 되곤 한다. 책, 신문, 점심도시락, 장갑, 우산…… 지하철 분실물센터에 쌓인 물건들만 봐도 쉽게 알 수 있다. 하지만 물건을 어디다 뒀는지 잊어버리거나 자신도 모르는 사이에 분실한 경우에도 겉으로 보이는 것 이상의 깊은 의미가 담겨 있을 때가 있다. 물건을 잃어버린 것이 작별을 고하는 일종의 방식이란 걸 인식하지 못한 채, 단순한 부주의 탓으로 돌리는 걸 수도 있다. 그리고 마일스의 경우처럼 어떤 죄책감 때문에 소중한 물건을 잃어버리는 것으로 스스로를 벌하거나, 그 물건이 우리의 삶에서 차지하던 역할에 그런 식으로 종지부를 찍는 것이다.

아일랜드계 가톨릭 학교 교사인 매리앤 오브라이언은 스페인어 학원에서 유대인인 개리 캐플런을 만났다. 개리의 적극적인 애정공세에 기분이 우쭐해졌고 솔직히 끌리기도 했지만, 사귀고 싶은 마음은 없었다. 종교적인 차이 때문에 지속적인 관계가 불가능할 거라는 우려 때문이었다. 뿐만 아니라 개리가 가끔씩 자신의 십자가 목걸이를 어두운 눈빛으로 바라보는 것 같기도 했다. 하지만 개리는 개의치 않았다. 끈질긴, 그리고 진실된 개리의 사랑은 결국 결실을 맺었다. 데이트는 달콤했다. 개리는 하늘을 나는 기분이었고, 매리앤도 행복했다. 그런데 그 즈음에 매리앤은 십자가 목걸이를 어디에 뒀는지 잊어버렸고 끝내 찾지 못했다.

마일스도 그렇고, 매리앤 역시 소중한 뭔가를 포기하게끔 스스로에게 '강요'했다. 이럴 경우 물건을 잃어버린 것도 안타깝지만, 그게 '우발적으로' 일어났다는 사실이 더 속상하다. 물론 뭔가를 버릴 준비가 됐다는 생각에(나중에야 잘못된 생각이었음을 깨닫게 되더라도!) 적극적으로 그 물건을 버린다고 해서 유감스럽지 않다는 얘기는 아니다.

7년 가까이 만나고 헤어지길 반복하던 애인과 관계를 완전히 정리한 캐롤 던슨은 함께했던 시절의 좋고 나쁜 추억이 담긴 일기장을 버리기로 결심했다. 세월이 흘러 결혼을 하고 두 아이의 엄마가 된 캐롤은 가끔씩 그 일기장을 괜히 버렸다고 후회한다.

nothing

남편을 사랑하기는 하지만 옛 애인에게 느꼈던 짜릿함이 없기 때문에, 이따금 그 일기장을 보며 옛날의 감정을 되살릴 수 있으면 얼마나 좋았을까 싶다. 일기장을 보면 그게 어떤 느낌이었는지 알 수 있을 텐데. 그걸 왜 버렸을까. 얼마 전에는 친구에게 이렇게 심정을 토로하기도 했다. "영혼을 내버린 것만 같아."

그러나 이보다 더한 비통함을 느끼게 되는 건 아무래도 외적인 요인으로 인해 소중한 물건과 헤어지는 경우일 것이다.

외상으로 남는 이별

고통스러운 방식으로 물건과 헤어져야 하는 상황으로는 여러 가지가 있다. 이혼도 그중 하나다. 파경은 사람의 관계를 망쳐 놓지만, 함께 소유했던 물건도 가르게 만든다. 결혼 생활을 하면서 쌓인 물건들, 집, 가구, 자동차, 예술품, 가보, 기념품, 식기, 책, 온갖 골동품 같은 이른바 '부부의 공동자산'은 금전상의 가치를 뛰어넘는 감정적인 의미를 갖는다. 애정 어린 물건을 마지못해 포기하기도 하고, 욕심이나 억하심정으로 매달리기도 한다. 싸움이 벌어지고, 모진 말을 주고받고, 비난을 쏟아내고, '재산분할'을 위해 각자 변호사를 고용한다.

합의하에 조용히 끝내는 경우에도 이혼으로 말미암아 정든 사물과 헤어지는 건 크나큰 아픔을 안겨 줄 수 있고, 그래서 아무도 모르게 혼자 이별의 의식을 치르는 사람들도 많다.

시카고에 사는 마흔아홉의 심장전문의 패럴 라인스는 곧 헤어질 아내와 함께 살았던 집을 영영 떠난다는 생각에 통 잠을 이룰 수 없었다. 이런 상황에 처하게 된 건 그가 다른 여자와 사랑에 빠져 20년을 함께 산 아내를 상대로 이혼소송을 제기했기 때문이다. 재산을 나누고, 집을 포함한 모든 가구와 가재도구는 아내가 갖기로 했다. 그렇게 합의한 걸 다행으로 여기면서도(이혼에 대한 죄책감을 덜 수 있으니), 오랜 세월에 걸쳐 공들여 사 모으고 수집한 아름다운 가구며 골동품, 예술 작품을 두고 떠나려니 가슴이 미어졌다.

아내가 깊은 잠에 빠진 늦은 밤, 그는 서재에서 나와 집안을 구석구석 돌아다녔다. 부엌 식탁에 앉아 넋을 잃고 가구를 바라보기도 했다. 아내와 수없이 많은 저녁을 함께 먹었던 마호가니 식탁과 의자, 찬장, 와인을 보관하는 선반. 모든 것에 추억이 서려 있었다. 하나하나 손으로 다정하게 어루만졌다. 거실로 나오니 벚나무 틀에 유리를 끼운 커피테이블이 보였다. 그가 아끼던 것이었다. 마음의 안정을 얻곤 했던 그 테이블을 다시 못 볼 거라고 생각하니 애써 눌렀던 슬픔이 복받쳤다. 그는 엉엉 울기 시작했다. 짙은 나뭇결을 기억하고 그 속에 자신의 자취를 남기려는 듯이 손가락으로 테이블을 쓰다듬으며 네 귀퉁이를 수없이 매만졌다. 고개를 들자 소파 뒤에 걸린 그림이 눈에 들어왔다. 개 두 마리와 말 한 마리를 그린 커다란 유화였다. 그걸 두고 떠난다는 생각은 도저히 참기 힘들었다. 그걸 마침내 손에 넣었을 때의 환희가 고

nothing

스란히 떠올랐다. 또 다시 눈물이 쏟아졌다. 그는 위스키 잔을 손에 든 채 그렇게 흐느끼면서 새벽이 되어 자기연민과 술기운에 모든 감각이 지워질 때까지 집안을 돌아다녔다. 그런 뒤에야 서재로 돌아가 곧 있으면 그 포근한 품과도 헤어져야 할 갈색 가죽소파에 누워 잠이 들었다.

소유하던 물건과 결별하는 것이 이렇게 지독한 고통을 안겨준다는 사실은 우리가 주변 환경의 묵묵한 연속성에 얼마나 많은 것을 의지하고 있는가를 말해 준다. 패럴이 헤어져야 하는 물건들은 저마다 특별하고도 구체적인 의미를 지녔다. 그것들을 잃는다는 건 그때까지 주고받던 '대화'가 별안간 중단되기라도 하는 것처럼, 양방향으로 일상에 균열을 야기한다. 고통이 뒤따른다. 하지만 이런저런 물건에 어린 구체적인 의미와는 별도로, 이혼에 따른 물질적 환경의 전반적인 동요는 존재를 불안하게 만든다.

익숙한 사물은 우리에게 안정감을 준다. 추억을 담은 그릇이자 정체성의 닻이다. 익숙한 사물의 평범한 방식은 일상을 영위하는 데 도움을 준다. 그런 환경이 심하게 변하면 우리의 안정감은 위협받는다. 물질적 소유로 구성된 심리적인 틀이 느닷없이 흔들리고, 발가벗기라도 한 것처럼 춥고 두려워진다. 하지만 물질이 감정적으로 중요하다는 사실을 깨닫기 위해서는 반드시 상실이라는 과정을 거쳐야 하는 걸까?

천재지변으로 인해 모든 걸 잃거나, 정치적 박해를 피해 맨몸으로 탈출한 망명객들에게 물어보라. 지진이나 홍수, 태풍 등으로 인해 가산을 모두 잃는 건 그야말로 망연자실할 노릇이고, 그것이 가하는 심리적 충격은 이루 말할 수 없다. 그 참담함을 다룬 신문과 잡지와 책과 영화는 무수히 많다. 하지만 그것들은 대개 크고 일반적인 그림만을 담아낼 때가 많다. 1989년에 캐롤라이나를 강타한 허리케인 휴고가 약 70억 달러의 재산손실을 일으켰다는 식의 뉴스가 그런 경우다. 그러나 구체적인 물건과 이별한 개개인의 고통은 좀처럼 접하기 쉽지 않다. 집이나 자동차, 가구처럼 '커다란' 물건을 잃는 것도 물론 가슴 아픈 일이다. 하지만 '작은' 물건을 잃어버리는 것 역시 그에 못지않은 괴로움을 안겨준다. 엉망이 된 우표책은 끝내 아물지 않는 상처로 남을 수 있다. 아버지에게 물려받은 연장통이 홍수에 쓸려갔다면 오래도록 밤잠을 설칠지도 모른다. 옆에서 지켜보는 사람들은 그런 소소한 사물에 담긴 감정적인 의미를 속속들이 짐작하기 힘들다.

이민이나 망명을 한 사람들은 사물을 잃는 것이 어떤 의미인지 너무나 잘 알고 있다. 자발적인 이민자들도 익숙한 사물과 헤어져야 하는 아픔을 겪지만, 온전히 자신의 의지라고 할 수 없는 이유 때문에 갑작스레 고국을 등져야 했던 사람의 고통은 훨씬 더하다. 나치의 박해를 피해 도망친 동구유럽의 유대인, 1947년도 유혈사태 때 인도에서 탈출한 힌두교도들, 고향 땅을 점령당한 팔레스타인 난민, 세르비아의 대규모 인종청소에 직면한 알바니아인과 코소보의 이슬람교도들이 전부 그런 경우이다.

다카에서 지주의 딸로 태어나 부유하게 살던 샬리니 마이트라는 1947년 인도의 분리 독립으로 망명객 신세가 되었다. 캘커타의 열악한 환경 속에서 살게 된 그녀는 조상 대대로 물려받은 고향의 집이 사무치게 그리웠다. 팔레스타인에서 수단으로 망명한 이만 하마디는 이스라엘 점령지가 되어 버린 올리브 정원만 생각하면 저절로 눈물이 고인다. 이런 안타까운 사례는 세계 전역에서 무수히 찾아볼 수 있다.

이들이 겪는 땅과 고향과 국적의 상실, 그리고 무엇보다 인간의 존엄성 상실은 엄청나다. 이처럼 어떤 사건을 다루는 커다란 그림 속에는 상대적인 비중은 작더라도 가슴 아픈 고통의 차원에선 절대 뒤지지 않는 구체적인 사연들이 서리서리 배어 있다. 옷이나 지갑, 신발, 안경 같은 일상적인 소유물은 조용하지만 심오한 방식으로 우리와 현실, 또는 우리와 사회를 연결해 준다. 이런 사물은 우리에게 안정감을 주며, 사회에서 인정받는 존재로 만들어 준다. 그러니 이런 것들을 잃어버렸을 때 묘하게 발가벗긴 느낌, 인간으로서의 존엄성을 상실한 느낌을 갖게 되는 것도 무리가 아니다. 이런 상실에 얽힌 사연은 그런 경험을 한 사람들의 자서전이나 시, 소설, 또는 영화를 통해 얼마든지 접할 수 있다. 어떨 땐 도저히 말로는 할 수 없어 슬픈 눈과 꽉 다문 입으로 절절한 사연을 대신하기도 한다. 그렇게 남모르는 고통을 누군가에게 토로하기까지 오랜 시간이 흐를 때도 많다.

이런 종류의 정신적 외상을 남기는 물건의 상실은 소위 '문명' 사회에서도 일어날 수 있다. 놀랍게도, 부모들이 별 생각 없이 자녀들의 물건을 버릴 때 일어나기도 한다.

쉰두 살의 회사원인 사라 그린은 가족들이 모인 자리에서 어렸을 때의 장난감 얘기가 나오면 아직도 눈물을 글썽인다. 엄격한 어머니와 알코올중독 아버지 밑에서 자란 사라는 사랑을 거의 못 받고 자랐다. 어머니와 함께 놀았던 기억은 전혀 없다. 아니, 어린 시절의 기억이라곤 기를 죽이는 어머니의 비아냥거림, 그리고 한번씩 아버지에게 맞았던 게 전부다. 그걸 제외하면 오로지 외로움과 절망의 나락뿐이다. 그런 사라에게 유일한 위안은 집안일을 도와주시던 아줌마와 바비 인형이었다. 사라가 그 인형에 집착한 건 너무나 당연했다. 그런데 이사를 가면서 그 작은 위안마저 모두 잃게 됐다. 사라의 어머니는 아줌마를 해고하고 세발자전거와 인형을 내버렸다. 짐을 싸기 귀찮다는 게 이유였다. 사라는 전보다 더 내성적이 되었으며, 우울과 고독에 시달렸다. 그때의 상처는 끝내 치유되지 않았고, 가족들이 모인 자리에서 그때의 이사 얘기가 나오면 어김없이 마음이 요동친다.

어린 아이들은 이보다 더 가슴 아픈 일을 겪기도 한다. 사람들이 잘 인식하지 못하지만, 아이들이 소중히 여기는 소유물을 포기하게 만드는 것도 일종의 '아동학대'다.

우리 동네에 사는 짐 리브스는 은퇴한 변호사인데, 어린 시절에 영혼이 파괴되는 경험을 했노라고 털어놓았다. 그는 루이지애나 시골에서 할아버지, 할머니와 함께 살았다. 생활수준은 중하류층이었다. 어머니는 여섯 살 때 돌아가셨고, 얼마 지나지 않아 아버지는 아들을 부모님 손에 맡긴 채 텍사스로 떠나버렸다. 아버지의 소식은 어쩌다 한번이나 들을 수 있었다. 장난감이나 책을 소포로 보내기도 했다. 짐은 늘 '부재 상태'인 아버지를 대신해서 아버지의 애정을 상징하는 이런 것들에 필사적으로 매달렸다. 그런데 아홉 살이 됐을 때 끔찍한 상황에 처하게 됐다. 정신의학자 레너드 셴골드(Leonard Shengold) 박사의 말을 빌리자면 '영혼 살해'에 버금갈 만한 상황이었다. 어느 날 친구의 생일에 초대받은 짐은 친구에게 선물로 줄 게 없었다. 할아버지와 할머니는 얼마 전에 아버지가 보내 준 책을 주면 어떻겠냐고 했다. 선물이 없으면 친구의 생일파티에 갈 수 없었다. 짐은 울고 또 울었지만, 결국 아버지가 보내온 책을 포기하기로 했다. 하지만 마음속에서 뭔가 무너졌다. 벌써 60여 년 전에 일어났던 일인데도 그때의 고통은 생생하기만 하다. 이제 그는 누가 보더라도 풍족한 삶을 살고 있다. 행복한 가정을 꾸리고 사는 큰 집에 진귀한 책이 가득하지만, 지금도 책을 다른 사람에게 빌려주는 것엔 질색을 한다.

이렇게 사랑하는 물건과의 이별이 남긴 정신적 외상은 잡동사니를 끌어안고 살던 사람들이 마지못해 물건을 정리하는 경우와 극명한 대조를 이룬다. 앞의 경우엔 너무나 소중한 어떤 구체적인 물건을 포기해야 했고, 뒤의 경우는 주변의 물건을 줄이고 정리해야 한다. 전자는 수동적인 상태에 처해 무기력함과 고통을 야기한다. 후자 역시 불안이 따르기는 하지만 본인의 참여가 수반되고, 심지어 조금 내키지 않아 하는 경우에도 적잖은 물건을 치워 버리고 싶다는 마음이 생겨난다.

정리정돈

미국인들은 물질에 둘러싸여 거의 질식할 지경에 이르렀다. 하지만 물건을 쌓아올리는 것만큼이나 그것을 치워 버리고 싶은 이른바 '일소의 欲望'도 존재한다. 이 말을 처음 쓴 『워싱턴포스트』의 주라 콘시우스는 정리정돈에 몰두하는 경향을 현대인의 '신종 다이어트'라고 명명했다. 그에 따라 과도한 물건을 치워 버릴 수 있도록 도와주는 일이 하나의 산업으로 자리 잡았을 정도다.

인터내셔널 하우스웨어즈 어소시에이션이라는 회사가 수집한 자료에 따르면, 미국인들은 집 안팎을 정리하는 데 연간 50억 달러 이상을 쓴다고 한다. 각종 할인매장들도 살림 정리도구와 수납 용품을 팔아 큰 수익을 올리고 있다. 쓸모없는 물건을 처분하라고 종용하는 텔레비전 프로그램이 등장하더니 '물건을 버려야 할 시점'에 대한 충고를 들려주는 『리얼 심플』이라는 잡지까지 나왔다. 정리의 달인들은 물건을 늘어놓고 사는 사람들을 향해 온갖 조언을 쏟아낸다. 「깨끗하게 쓸어내기」라는 텔레비전 프로그램의 진행자 피터 월시는 "잡지는 종류별로 세 권 이상 보관하지 말라"고 충고한다. 정리에 관한 한 미국 최고수를 자처하는 돈 애슬렛은 소유를 최소한으로 제한해야 주거의 질이 높아진다고 주장한다. 『잡동사니 정복하기How to Conquer Clutter』라는 책을 쓴 스테파니 컬프는 심지어 '잡동사니 정리의 십계명'까지 작성했다. 미루지 말고 지금 당장 청소를 시작하라, 쓰지 않는 물건은 남에게 줘라, 쇼핑을 할 때는 상한선을 설정하라, 등등. 개개인의 상황에 따라 맞춤형 도움을 제공하는 곳들도 있다. 체질에 따른 치료와 개인 트레이너에 이어 이젠 나만의 집안정리 도우미를 고용하는 시대가 도래한 것이다. 미국 정리도우미연합에 소속된 2,200명의 회원들은 주변에 널린 쓸데없는 물건을 버려서 보다 깔끔하고 산뜻한 삶을 영위할 수 있도록 도와주는 일을 한다. 아무튼 물건을 내버리게 만드는 이런 전문가들로 인해 쌓아 놓는 데만 열중해 온 이들이 많은 혜택을 입는 건 사실이다. 물건을 획득하려는 욕망과 그것을 버려야 한다는 압박감 사이의 심적 줄다리기가 부담스럽긴 하지만, 해볼 만한 씨름인 건 분명하다.

그러나 주변을 정리하라는 얘기를 들을 때마다 예외 없이 엄습하는 불안감부터 극복해야 한다. 옆에서 누가 이런저런 잡동사니 좀 버리라고 잔소리를 하면 당사자는 신경이 곤두서고 수세적이 되며 화를 낼지도 모른다. 그래도 집요하게 압력을 가하면 차츰 웬만한 것들과는 헤어지겠다는 의지가 생겨나기 시작한다. 물건을 늘어놓고 살던 사람은 주변을 정리하는 게 그렇게 나쁜 경험만은 아니라는 걸 깨닫게 될지 모른다. 심지어 물건을 버리고, 그 물건에 대한 집착을 포기하는 것에서 일종의 안도감과 자유로움을 누리게 될 수도 있다. 말끔히 정리된 옷장과 한결 깔끔해진 거실에 한동안 잊고 살았던 질서가 되돌아오고, 왠지 안도감이

들며 즐거워진다.

정리정돈이 안겨주는 이런 긍정적인 측면 때문에 인생의 물질적인 동반자들을 자발적으로 줄여 나가는 사람들도 있다. 그런가 하면 잔뜩 쌓아올렸다가 한꺼번에 내버리기를 주기적으로 반복하는 이들도 있다. 이런 경향은 폭식과 거식을 오가는 섭식장애 증후군과 비슷한 양상을 띠게 된다.

작별의 시간

사물과의 작별은 인생의 한 부분이다. 사물과 헤어지는 세 가지 방식(잃어버리고, 강제로 분리되고, 회유와 설득에 의해 내버리기)은 더 큰 주제의 곁가지에 불과하다. 인생은 여러 단계로 나뉘고, 한 단계를 끝내고 다음 단계로 나아갈 때마다 우리는 적잖은 물건을 남겨놓고 떠나거나 내버린다. 요람을 벗어난 후에는 아이용 침대를 사용하고, 그러다가 어른용 침대로 옮겨간다. 세발자전거에 이어 두발자전거를 타고, 시간이 좀 더 흐르면 자동차를 운전한다. 10~12세 때 열중했던 보드게임과 장난감은 사춘기에 접어들면 시들해져서 뒷전으로 밀려난다.

나이가 들고 변해 가는 동안 우리의 물건, 우리의 정체성을 드러내는 일상의 장치들도 달라진다. 한 단계에서 다음 단계로 넘어갈 때마다 인생은 몇몇 소유물은 뒤에 두고 떠날 것을 요구한다. 우리가 이걸 그다지 어렵지 않게 해내는 건 사실상 포기하는 게 많지 않기 때문이다. 몇몇 사물을 새로운 단계의 필요와 목표에 더 잘 부합하는 것들로 대체하는 것뿐이다.

그러다 중년에 이르면 사물과의 작별이 새로운 의미를 갖는다. 이 나이가 되면 생활의 규모를 줄이기 시작하고, 내가 떠난 후에 남을 물건들의 행방을 따져본다. 자식들이나 손자들한테 물건을 주는 건 소유를 줄이는 동시에 유산을 넘겨주는 행위다. 그렇더라도 평생 간직해 온 것들과 헤어지는 일은 힘겹다. 개인적으로 특별한 의미를 지닌 것과 헤어지는 건 정말 내키지 않는다. 이때 주변 사람들이 그 괴로운 마음을 헤아려서 서서히 정을 떼고 포기할 수 있는 방법을 제시해 준다면 고통이 한결 줄어들 수 있다.

노모를 양로원에 모신 에린 네빈은 어머니의 집에 가득한 물건들을 정리하기 시작했다. 문제는 어머니가 소중히 아끼던 엄청난 분량의 책이었다. 어머니가 그 책들과 헤어질 마음의 준비가 안 됐다는 걸 눈치 챈 에린은 궁리 끝에 묘안을 짜냈다. 어머니가 지낼 시설의 도서관에 책을 기증한 것이다. 어머니의 소장도서였음을 알릴 수 있도록 책에 붙일 예쁜 스티커도 제작했다. 속 깊은 에린의 배려 덕분에 어머니는 책을 포기하면서도 감정의 끈을 유지할 수 있었다.

결국 우리의 존재를 증명하는 건 지금 소유하고 있거나, 한때 소유했다가 두고 떠나온 물건들이다. 그렇게 두고 떠나온 것들은 정말 소중했던 것, 아쉬운 마음에 기억 속에서 가치가 부풀려진 것, 방치하거나 버거워하거나 증오했던 것일 수도 있다. 모든 것은 우리와 남은 사람들 사이에 (이제는 추억을 통해) 이어지는 관계, 그리고 우리가 속한 문화적 전통에 좌우된다. 아르헨티나의 대문호 호르헤 루이스 보르헤스는 「사물들」이라는 시에서 이렇게 말했다.

> 내 지팡이, 주머니 속의 잔돈, 열쇠고리들,
> 고분고분한 지물쇠, 때늦은 메모
> 내게 남은 날은 얼마 되지 않으니
> 한 벌의 카드, 테이블, 한 권의 책,
> 그리고 책장 사이에 끼워 말린 제비꽃,
> 결코 잊지 못하리라 의심치 않았으나,
> 어느새 잊어버린 어느 오후의 유물,
> 붉게 떠오르는 태양이 비쳐 불꽃처럼
> 타오르는 서편의 거울을 읽지 못하리.
> 얼마나 많은 물건들이,
> 파일과 문지방과 지도와 와인 잔과 못들이,
> 말대꾸 한 마디 않는 노예처럼,
> 눈을 감은 채 신기할 정도로 묵묵히
> 우리에게 봉사했던가.
> 우리가 자취를 감춘 후에도 이것들은 남겠지
> 그리고 우리가 사라졌다는 사실을 끝내 모르겠지.

nothing

우리가 지녔던 물건들은 우리가 이 세상에서 자취를 감춘 뒤에도 살아남지만, 우리도 (우리가 소유했던) 그 물건들을 통해 삶을 이어간다. 존재론적인 역설이 우리를 향해 눈을 찡긋하며 신호를 보내는 순간이다. 우리는 더 이상 우리 자신으로 존재하지 않음으로써 영속성을 성취한다. 삶을 시작했을 때 우리는 물건과 우리 자신을 분리해서 생각할 수 없었다. 그리고 삶을 마감하는 순간에는 아예 물건의 일부가 되어 그것으로 기억된다. 물건과 뒤섞여 살던 삶을 마감하고, 죽음을 통해 다시 그것과 얽히게 되는 것이다.

인간, 사물이 되다

죽은 몸으로 사회에 공헌할 방법도 다양하다.

BECOMING
A   THING

그곳의 이름은 골더스 그린이다. 런던 북쪽을 통과하는 3구역 지하철을 타고 골더스 그린 역에서 내린다. 역에서 나와 오른쪽으로 돌아가면 핀츨리 로드이고, 그 길을 따라 다리 아래로 5분쯤 걷다보면 후프 레인이라는 조용한 거리가 나온다. 여기서 다시 오른쪽으로 틀면 얼마 가지 않아 아름답고 넓은 정원이 나타난다. 그 정원 한복판에 서 있는 로마네스크 양식의 건물이 영국 최초의 화장장이고, 그곳의 이름이 바로 골더스 그린이다.

건물 안으로 들어가면 다양한 크기와 모양의 납골함과 꽃병이 들어 있는 깔끔한 유리장이 보인다. 그중에는 세계적인 위인의 유해도 있다. 천천히 거닐다 보면 익숙한 이름들이 눈에 띈다. 나도 모르게 심장이 쿵쾅거린다. T. S. 엘리엇, 알렉산더 플레밍, 올더스 헉슬리, 비비안 리, 안나 파블로바, 피터 셀러스, 브램 스토커, H. G. 웰스, 그리고 누가 또 있을까 싶은 순간 눈에 들어오는 지그문트 프로이트. 놀라움에 넋을 잃을 지경이다.

솟구쳐 오르는 감정이 너무나 강렬하고 복잡하다. 뛰어난 재능을 지녔던 이들의 존재에 압도되어 경외심이 드는 한편으로 겸손해진다. 예를 갖춰 존경을 표하고 싶다. 용기를 내서 말을 건네고 해당 분야의 이야기를 나누며 친분을 쌓고 싶다. "당신이 쓰신 책을 읽었으니, 우리 사이엔 어느 정도 유대감이 존재한다고 볼 수 있겠죠." 또 이런 말도 하고 싶다. "당신을 기억하고 존경하는 제 마음을 통해 당신은 살아 숨 쉬고 계신 겁니다." 역설적이게도, 이런 생각을 한다는 것 자체가 우리 앞에 실제의 사람이 아닌 그들의 재가 있다는 사실을 일깨운다. 피가 흐르고 맥이 뛰는 사람이 아니라, 그들이 화한 물질만 남아 있다. 뼛조각이 간간이 섞인 고운 회색 가루가 미동도 없이 안타까운 침묵에 싸인 채 단지에 갇혀 있다. 거기에 생각이 미치자, 마음이 요동친다. 죽은 사물과 대화를 하고 있었음을 깨닫는다. 사실상 나 자신과 얘기를 주고받았던 것이다. 어쩐지 오싹한 느낌이 온몸에 퍼진다. 신경이 곤두선 채 초점 없는 시선으로 그곳을 떠난다. 하지만 몇 가지 의문이 뇌리에서 떠나지 않는다. 그것들이 한때는 살아 숨 쉬는 사람이었단 말인가? 그토록 위대한 삶을 살았던 이들이 어떻게 한 줌의 재로 변해 버릴 수 있을까? 우리는 모두 물질로 변하고 마는 걸까? 혹시 그 과정이 이미 시작된 걸까? 심란한 생각을 애써 털어내며 얼른 역으로 달려가 지하철에 오른다. 다음 행선지는 마담 투소의 밀랍 박물관이다.

밀랍 박물관

살아 있는 것과 그렇지 않은 것, 숨 쉬는 인간과 물질에 불과한 것, 그 사이의 모호한 경계선은 우리를 심란하게 만든다. 그러나 그렇게 겹쳐진 교집합이 미학적으로 아름답게 제시되면 만족스럽고 재미난 경험이 될 수 있다. 심지어 현실과 환상의 경계를 오갈 때 경험하는 천진한 즐거움을 누릴 수도 있다. 죽은 위인들과 현재 활발히 활동하는 유명 인사들의 밀랍인형이 나란히 놓

nothing

여 있는 마담 투소의 밀랍 박물관이 바로 그런 공간이다. 실물과 똑같은 윈스턴 처칠, 톰 크루즈, 마하트마 간디와 아놀드 슈워제네거, 아이작 뉴턴과 클린트 이스트우드, 지그문트 프로이트와 마가렛 대처의 모형을 보기 위해 남녀노소를 막론한 수많은 사람들이 세계 곳곳에서 찾아온다. 런던의 '필수' 관광코스가 된 이 박물관은 마리 그로숄츠라는 프랑스 여자가 1835년에 세운 것이며, 그로숄츠는 나중에 마담 투소로 명성을 떨치게 된다.

세세한 부분까지 꼼꼼하게 만든 인형들을 보면 살아 움직이는 것과 그렇지 못한 것 사이의 차이를 잊게 된다. 밀랍으로 만들어 실제와 똑같은 의상까지 입혀 놓은 인형은 정말 살아 있는 듯한 착각을 일으킨다. 당장이라도 걸어가거나, 말을 걸거나, 인사를 하며 악수를 청할 것 같다. 사물이 인간으로 변할 것 같을 땐 재미있는 놀이가 되지만, 골더스 그린에서처럼 사람이 물질로 변하는 건 슬프고 심란하다. 카니발이나 놀이동산에서 팬터마임을 볼 때의 반응은 아마 두 극단의 중간쯤에 해당되지 않을까 싶다. 동상처럼 가만히 서 있다가 느닷없이 움직이는 ('살아나는') 팬터마임을 보고 있으면 살아 있는 것과 그렇지 않은 것 사이의 경계가 대단히 미세하다는 생각이 든다. 사물인 줄 알았던 것이 살아 움직인다면 살아 있는 것 역시 사물이 될 수 있다는 뜻도 된다. 앞의 경험은 죽음에 대한 두려움을 잊게 하며 우리를 안심시킨다. 뒤의 경험은 우리의 궁극적인 운명인 죽음을 일깨워 불안하게 만든다. 내가 더 이상 존재하지 않게 될 때를, 우리는 생각하고 싶어

하지 않는다.

누구나 언젠가는 죽고, 그러면 매장이든 화장이든 죽은 몸을 어떻게든 처리해야 한다는 엄연한 사실 앞에서도 우리는 애써 외면하려 든다. 우리의 삶을 간단히 요약하면, 부모님의 꿈에서 시작되어 자손의 기억이 되는 것으로 끝난다고 할 수 있다. 그래서 밀란 쿤데라는 후손을 '단순한 형태의 불멸'이라고 표현하기도 했다. 여기서 흥미로운 건, 남은 사람들에게 죽은 이를 생각하게 만드는 게 그들이 소유했던 물건(예를 들면 시계, 책, 졸업장, 가구)이라는 사실이다. 우리가 지녔던 물건이 사후에 우리의 홍보대행업자가 되는 것이다.

여기까지는 대부분의 사람들이 잘 알고, 또 기껍게 받아들이는 내용이다. 하지만 실제의 생을 마감한 후에도 사물로 인해 감정적으로는 존속하고, 죽음을 거쳐 변하게 된 물질(시체, 재)이 남은 이들에게 심리적인 용도를 갖는다는 사실은 그만큼 잘 알려져 있지 않다. 소중한 사람의 죽은 몸이나 재를 보면 감정이 격해지기 마련이다. 그런데 이런 감정들은 중요한 기능을 갖는다. 살아 있는 동안 사람들은 저마다 다른 이의 삶에 어떤 식으로든 영향을 미친다. 방식이 달라질 뿐, '물질'로 화한 뒤에도 마찬가지이다. 피가 흐르고 맥이 뛰고 감정과 생각을 지닌 존재에서 죽은 물질로 변한다는 건, 제아무리 일정한 용도를 지닌다고 해도 헤아리기가 쉽지 않다. 그러나 사실상, 그 과정은 매일 조금씩 진행되고 있다. 유기체로 살아가는 동안에도 우리의 부분들은 계속 죽어 가고 있다.

이발소 바닥의 머리카락

인식하지 못하는 동안에도 꾸준히 진행되는 몸의 부패는 생명을 지닌 존재가 차츰 죽은 물질로 변해 가는 과정을 여실히 보여 준다. 일정하게 생성되고 배출되는 몸의 노폐물도 불과 얼마 전까지 생명을 이루던 것이 한 순간에 한낱 물질이 될 수 있다는 사실을 입증해 준다. 가장 단적인 예로는 이발소 바닥에 떨어진 머리카락을 들 수 있다.

하루는 단골 이발소에 가서 머리를 자르는데, 나보다 앞서 이발을 한 사람의 머리카락이 눈에 들어왔다. 이발사의 손이 닿자 희끗희끗한 내 머리카락도 바닥에 떨어지기 시작했다. 그걸 보고 있자니 그렇게 잘려나간 머리카락을 여전히 내 몸의 일부로 볼 수 있을까, 궁금해졌다. 그럴 것 같지는 않았지만, 그러면서도 전혀 관련이 없다거나 남의 것처럼 느껴졌다고 말하는 건 거짓말이 될 것이다. 가차 없는 가위질 몇 번에 불과 얼마 전까지 나의 일부였던 것이 싸늘한, 솔직히 말하면 너저분한, 사물이 되었다. 노파심에서 덧붙이자면 내 단골 이발사는 아주 친절하고 다정한 사람이다. 그는 내가 만족할 수 있으면 사회적으로 용인되는, 그러면서도 멋진 머리 모양을 만들어 주려고 노력한다. 그의 입장에선 모든 게 선의에 따른 행동이다. 이발소에서 날마다 벌어지는 머리카락의 대량학살이 그에겐 이른바 '부수적인 피해'일 따름이다. 하지만 나는 어쩐지 무력한 기분이 들었다. 내 몸의 일부가 이토록 쉽게 물질로 변할 수 있다면, 존재 자체도 영원한 타성의 유혹에 굴복하지 않으리란 보장이 있을까? 죽음에 대한 생각이 수면 위로 서서히 떠오르기 시작했다. 마음이 불편해졌다. 이발사와 별 의미 없는 가벼운 대화를 몇 마디 주고받은 후 돈을 내고 이발소를 나왔다. 걸어가다 뒤를 돌아보니 이발소 바닥에는 내 몸에서 잘려 나간 나의 일부가 그대로 널려 있었다.

매장과 화장을 넘어

완전하고도 궁극적인 죽음의 영역으로 옮겨 가는 건 살아있는 유기체가 부분적으로 그렇게 변하는 현상과 다르다. 모든 생명에는 죽음이라는 종지부가 어김없이 찍히고, 그러면 희망과 포부를 지닌 채 느끼고 생각하고 꿈꾸던 존재들이 죽은 몸뚱이, 시체가 되어 다양한 방식으로 처리된다. 그리고 그 방식은 문화와 시대에 따라 달라진다.

우리가 변하여 된 것, 즉 죽은 몸뚱이가 처하게 되는 가장 흔한 두 가지 운명은 매장과 화장이다. 앞의 것은 유대-기독교와 이슬람문화에서 전통적으로 시체를 처리하는 주된 방식이었고, 뒤의 것은 현대에 들어와 서구사회에서 보다 일반화된 방식이다. 매장은 이 지구 한 귀퉁이에나마 몸을 뉘일 집을 갖는다는 환상을 준다. 무덤을 '영면의 안식처'라고 부르면 어쩐지 진짜 잠자리 같은 느낌이 든다. 무덤이 있다고 생각하면 왠지 마음이 누그러진다. 동화 속 립 밴 윙클처럼 긴 잠을 자고 깨어날 수 있을 것 같다. 매장이 여전히 가장 일반적인 장례 방식인 것도 무리가 아니다.

그런가 하면 화장 역시 또 다른 전능함의 환상을 안겨 준다. 고디바 초콜릿 상자처럼 조그맣고 예쁜 상자에 우리의 재를 나눠 담아 사랑하는 사람들에게 하나씩 줄 수도 있다. 게다가 화장은 매장보다 비용이 훨씬 저렴하다. 서구에서 화장의 인기가 점점 올라가는 데에는 이 두 가지, 즉 여러 곳에 동시에 존재할 수 있다는 것과 저렴하다는 이유가 큰 몫을 하는 것 같다. 이혼이나 이사 등의 이유로 가족이 서로 멀리 떨어져 사는 경우에는 이 방식을 특히 더 선호한다. 화장을 하면 아무리 멀리, 심지어 다른 나라에 떨어져 살더라도 부모님과 자녀들 곁에 동시에 남아 있을 수 있다. 재를 조금씩 나눠 주기만 하면 된다. 남은 사람들은 멀리 있는 무덤을 찾아갈 필요가 없다. 떠날 사람의 입장에서도 죽은 뒤에 어디에 묻힐까 고민하지 않아도 된다.

매장은 어떤 경우에도 단순하지 않다. 절차와 과정이 여간 복잡한 게 아니다. 게다가 텍사스주 휴스턴에 있는 미국 장례역사 박물관에 가보면 분명히 알 수 있겠지만 관과 영구차, 염을 하기 위한 방부제까지, 필요한 것도 많다. 매장하는 방법에도 차이가 많다. 기독교와 유대교에서는 매장 전에 시체를 관에 담지만, 이슬람교에서는 대체로 수의에 싸 놓는다. 그리고는 모두 망자를 반듯하게 눕혀서 묻는다. 그런데 고대 중국에서는 망자를 세워서 묻는 전통이 있었고, 인도의 링가야트파 교[시바신을 유일신으로 섬기는 힌두교의 한 종파]에서는 사마디, 즉 발을 꼬고 앉은 자세로 매장한다.

서든 앉든, 아니면 눕든, 시체의 무용담은 땅에 묻히는 것으로 끝나지 않는다. 죽어서 새로 얻은 집, 그러니까 무덤도 그 나름의 이야기를 시작한다. 땅속 쉼터에 아늑하게 자리를 잡은 우리는 남은 사람들이 묘비와 묘석의 크기며 모양, 스타일을 놓고 부산을 떠는 모습을 보게 된다. 대리석이나 화강암 묘비에 이름과 생몰일시를 새긴다. 운이 좋으면 삶을 그럴듯하게 압축한 문구나 시도 한 줄 추가될 것이다. 그리고 그런 식으로 우리는 두고 떠나온 사람들에게 계속 영향을 미친다. 그들은 우리의 무덤을 찾고, 기념일을 그냥 넘어갔거나 소홀했다는 생각이 들면 죄책감을 느낀다. 그러면서 우리가 여전히 보거나 냄새를 맡을 수 있기라도 한 것처럼 꽃을 가져온다. 우리에게 말을 걸고, 어떤 잘못에 대해 용서를 빌기도 하고, 장래에 닥칠 일, 특히 결혼을 축복해 달라고 부탁한다. 우리가 죽은 후에 태어난 아이들을 데려오고, 배우자감과 함께 와서 인사를 시키기도 한다.

죽은 몸으로 사회에 공헌할 수 있는 방법도 다양하다. 『인체 재활용: 당신이 몰랐던 사체 실험 리포트Stiff: The Curious Lives of Human Cadavers』에서 메리 로치는 이 주제를 자세하게 다뤘는데, 몇 가지만 정리해 보면 다음과 같다.

◇ 의대생들이 해부학을 공부하고 장래의 외과의사들이 수술 실력을 쌓는 데 사용된다.

◇ 자동차 충돌시의 안전성을 측정하는 실험에 사용된다.

◇ 장기를 기증함으로써 다른 이들의 삶을 연장하거나 질을 높여 줄 수 있다.

◇ 그만큼 빈번하지는 않지만 신체의 일부가 제약용으로 사용되기도 한다. 예를 들어 태반은 산후우울증 치료에 쓰인다. 이걸 어디 먼 나라 얘기쯤으로 생각하지 않도록, 메리 로치는 영국의 유명한 요리 프로그램에서 마늘을 넣은 태반 볶음 요리가 소개됐다는 사실도 언급했다.

기상천외한 사체의 운명

거부 능력을 상실한 몸을 가지고 음란한 욕구를 채우려는 변태성욕자에게 끔찍한 폭력을 당하는 경우('시간')도 있다. 무력한 상태에 처한 우리는 비정상적인 충동에 하릴없이 굴복한 채, 부디 이 폭력이 다시 되풀이되지 않고 우리의 몸을 능욕하고 있는 병든 영혼이 이로 인해 조금이나마 평온을 얻길 기원한다. 감히 상상도 할 수 없는 일이라며 고개를 젓는 사람이 있다면, 홀로코스트에서 유대인 포로의 살갗을 벗겨 전등갓과 지갑을 만들었던 나치의 끔찍한 만행을 떠올려 보라. 인간의 죽은 몸이 얼마나 깊은 나락으로 떨어질 수 있는지 새삼 깨닫게 될 것이다.

연쇄 살인범은 시체를 토막 내기도 한다. 희대의 살인마 제프리 다머는 시체를 토막 내서 냉장고에 보관했으며, 심지어 먹기도 했다. 악마의 사악한 능력이 부러워 눈알을 도려내고 혀를 자르거나 목을 벤 사례도 있었다. 하지만 타락한 정신이상자여야만 이런 일을 저지르는 건 아니다.

이례적인, 이를테면 전쟁 같은 상황에 처하면, 누구나 문명과 도덕이 가하던 제약에서 후퇴하거나 벗어나기 마련이다. 그리고 원초적이고 금수 같은 무감각이 그 자리를 대신 차지하고는 비인간적이고 충격적인 폭력을 저지른다. 다음은 베트남 참전용사인 보비 사소가 들려준 이야기다.

나는 무릎까지 빠지는 베트남의 습지에 서 있었다. 적의 공격에 맞서 손에 총을 들고 경계를 풀지 않았다. 나는 혼자가 아니었다. 우리 소대원 다섯 명은 저마다 적의 위협에 대비해서 주변을 살폈다. 우리는 조심스레 앞으로 나아갔다. 그때 어떤 친구, 미네소타 출신인데 이름은 잘 기억나지 않는 한 친구가 다가오더니 이렇게 묻는 것이었다. "어이, 무화과 좋아해?" 그런 상황에서 나오기엔 뜬금없는 질문이라서 어리둥절한 표정으로, 있으면 먹고 없어도 그만이라고 대꾸했다. 그랬더니 그가 갈색 종이봉투를 내밀며 말했다. "그래? 그럼 하나 먹어 봐." 나는 별 생각없이 손을 넣어 하나를 꺼냈다. 하나 먹은들 뭐가 대수냐는 마

nothing

음이었다. 그런데 꺼내는 순간 그가 말한 '무화과'라는 게 사람의 귀였다는 사실을 알고 기겁했다. 놀랍게도 그 종이봉투엔 사람의 귀가 가득했다. 그 친구는 내 반응이 재미있었는지 미친 듯이 웃어댔다. 그에겐 그 상황이 우스웠다. 그러면서 말하길, 베트남 병사의 시체에서 귀를 잘라 냈다며 참전 기념품으로 챙길 생각이라는 것이었다. 그는 자신의 말이나 행동이 이상하다고는 전혀 생각하지 않았고, 오히려 역겨워 하는 나를 바보 같다고 여겼다.

전쟁 중에 자행되는 이런 비극적이고 극단적인 행동과는 다르지만, 주류의 사고방식에서 벗어난 사람들은 기상천외한 방법으로 자신의 시체를 처리해 달라는 유언을 남긴다.

◇ 보스턴 레드삭스 팀에서 활동했던 전설적인 야구선수 테드 윌리엄스(1918-2002)의 시체는 아들인 존 헨리 윌리엄스의 요청에 따라 애리조나주 스콧데일에 있는 알코르 생명연장재단에 냉동보존되어 있다. 그는 언젠가 유전자 기술이 발전해서 아버지를 복제할 수 있을 때까지 그렇게 보존할 생각이다.

◇ 1960년대 히피족이었다가 반문화의 대부가 된 티모시 리어리(1920-1996)는 화장한 재의 일부를 우주로 쏘아 올렸다. 리어리의 유해 중 약 6그램은 「스타트렉」의 제작자 진 로든베리, 우

주물리학자인 제라드 오닐, 그리고 로켓과학자인 크라프트 에릭의 재와 함께 23×30센티미터의 유도탄 보호장치에 담겼다. 캡슐은 482킬로미터 상공으로 발사되어 짧게는 18개월, 길면 10년까지 지구의 궤도를 돌다 우주에서 소멸된다. 이런 로켓장(葬) 서비스를 대행하는 셀레스티스의 찰스 체이퍼 공동사장은 "캡슐의 소멸이 별똥별처럼 보일 것"이라고 말했다.

◇ 프리스비를 발명한 에드 헤드릭(1924~2002)은 자신의 재를 프리스비에 담아달라는 유언을 남겼다. 가족들은 망자의 유언을 존중했고, 제작사인 디스크래프트의 도움을 받아 기념 프리스비를 만들었다. 회사에서는 에드 헤드릭 기념 프리스비에 회사의 입장을 밝힌 이런 문구를 집어넣었다. "이 프리스비를 날리며 놀지 않고 수집품으로 벽에 걸고 싶은 분도 계실 것입니다. 여러분의 다양한 취향을 고려해서, 하나로는 놀이를 하고 또 하나는 보존할 수 있도록 두 개 한 세트로 제작했습니다." 이 세트의 가격은 배송료를 포함해서 210달러이며, 수익금은 비영리단체인 '스테디' 에드 기념박물관에 전액 기증된다.

죽어서도 개성을 추구하려는 미국인들의 독특한 기질을 이용해서 매장과 화장을 대체할 새로운 장례 서비스를 제공하는 업체들이 많이 생겨났다. 시카고 외곽에 위치한 라이프 젬이라는 회사에서는 유골에서 추출한 탄소성분으로 다이아몬드를 만들어 준다. 뼛조각에 높은 열과 압력을 가해서 만든 다이아몬드는 크기와 모양에 따라 2천~1만 3천 달러까지 가격도 천차만별이다. 애틀랜타에 본사가 있는 이터널 리프라는 곳에서는 재를 콘크리트와 혼합해서 해안에 인공 산호초를 만든다. 해양생물에게 보금자리를 제공하기 위한 이 인공 산호초로 세계무역센터 참사 때 희생된 이들의 기념물을 만들겠다는 제안을 내놓기도 했다. 화장한 유해를 시멘트와 섞어 커다란 산호초를 만들고, 이것을 바다에 넣어 손상된 천연 산호초를 복원하거나 새롭게 조성하는 것이다. 그야말로 '우주만물과 하나가 되는' 이 방법은 바다에 묻히고는 싶지만 가족과 친지들이 망설이거나 귀찮아할 것을 걱정하는 사람들에게 호응을 얻고 있다. 그리고 남은 가족이나 친지들은 그렇게 망자를 수장한 곳을 찾아 스쿠버다이빙을 즐긴다고 한다.

이렇게 삶을 '연장'하는 것은 우리의 인생이 부모님의 꿈에서 자손의 기억으로 넘어가는 짧은 과도기에 불과하다는 걸 일깨워 줄까. 아니면 종지부가 찍히는 걸 괴팍스레 거부하며 슬픔과 애도를 통해 정상적이고 건강하게 죽음을 받아들이는 태도에 방해가 될까. 여기서 할 수 있는 가장 그럴 듯한 대답이라면, 이런 대안을 선택하는 사람이 일부 극소수에 그치기 때문에 죽음이나 장례에 대한 일반적인 태도에 이렇다 할 영향을 미칠 가능성이 희박하다는 것이다. 당장은 새롭고 신선하게 보이는 것들도 시간이 흐르면 진부해질 테니, 대부분은 지나가는 유행이 될 공산이 크다. 그러므로 우리가 정말로 고민해야 할 문제는 인간과 물질의 경계가 어느 만큼이나 흐려졌는가이다. 가끔은 정말로 경계가 모호해지기도 하고, 인간의 물질화가 단지 은유적인 차원에 그칠 때도 있다.

모하메드 아타는 기계였을까?

쉽지 않겠지만, 잠깐 동안만 당신이 비행기를 몰고 세계무역센터와 펜타곤에 돌진해서 911사태를 일으킨 테러조직의 주모자 모하메드 아타가 되었다고 상상해 보라. 수속대로 다가가 비행기 표를 보여 주며 창가자리를 부탁한다. 앞으로 일어날 일을 알고 있지만, 겉으로는 아무 내색도 하지 않은 채 너무나 평온하다. 탑승권을 받아들고 고맙다고 인사한 후 보안검색대로 간다. 30분만 있으면 당신과 당신의 조직으로 인해 수천 명이 목숨을 잃게 되리라는 사실을 잘 알고 있다. 그리고 당신도 함께 죽게 된다는 사실 역시 알고 있다. 그런데도 당신은 평온해 보이는 얼굴로 비행기에 오른다. 자리로 가서 안전벨트를 착용하고, 옆자리에 앉은 사람에게 가벼운 인사를 건넨 후 한가롭게 잡지를 뒤적인다. 비행기가 이륙한다. 주위를 둘러본다. 옆자리에는 머리가 벗겨진 남자가 앉았다. 손목에 붕대를 감은 금발의 여자가 보이고, 여덟 살과 열 살쯤으로 보이는 남자아이 둘이 큰소리로 떠들어댄다. 어느새 곤히 잠든 할머니를 비롯해서 많은 사람들이 있다. 얼마 지나지 않아 자신이 이 사람들의 목숨을 빼앗으리라는 걸 알면서도 당신은 침착하기 그지없다. 당신은 이제 곧 이 비행기가 불덩어리로 변해 당신의 몸을 집어 삼키고 숯덩이로 만든다는 걸 안다. 그런데도 그런 생각들은 당신의 마음을 괴롭히지 않는다. 어쩌면 그런 것을 '사소한 불편'쯤으로 여기는 건지도 모른다. 당신은 어느 누구도 동정하지 않고, 일신의 안녕을 걱정하지도 않는다. 이 많은 사람들의 도착을 기다리는 남편과 아내, 아들과 딸, 아버지와 어머니가 있다는 사실은 안중에도 없다. 자신의 미래에 대한 꿈과 희망도 없다. 부모님과 형제들과 아이들도 생각하지 않는다. 당신에겐 해야 할 일이 있다. 그러기 위해선 당신을 포함한 이 사람들이 다 죽어야만 한다. 당신은 걸어 다니는 기계, 인간 폭탄이다. 아니, 엄밀히 말하면 인간이라는 말을 쓰기조차 힘들다.

아마 감정을 이입하는 게 쉽지 않았을 것이다. 보통 사람들은 타인의 삶에, 최소한 자기 자신의 삶에 이렇게까지 철저히 무심해질 수 없다. 두렵기도 하려니와 그 엄청난 사태가 이미 작동되기 시작했다는 사실에 벌써부터 후회가 치밀어 오르기 때문에, 테러리스트가 요구하는 냉혹한 임무를 수행할 수 없다. 대부분의 사람들이 그렇다. 나 역시 앞의 시나리오에 나 자신을 대입해 보려 했지만, 도무지 그림이 그려지지 않았다. 사람들을 죽음으로 몰아넣는다는 걸 상상할 수 없을 뿐더러 참담한 죽음의 상황을 담담하게 그려 볼 수도 없었다. 대부분의 사람들은 너무 인간적이다. 스스로를 아끼고 타인을 존중한다. 모하메드 아타는 기계가 되어 버렸던 게 틀림없다.

하지만 어떻게 그럴 수 있었을까? 무엇이 그의 인간성을 지워 버렸을까? 그리고 우리를 인간이게 하는 것, 인간성의 본질은 과연 뭘까? 아마도 가장 근본적인 차원에서 보편적인 인류와 우리 자신을 나란히 정렬할 수 있는 특징들일 것이다. 비슷한 인상과 체형을 공유하고, 자의식과 자아실현의 필요를 느끼며, 생각하고, 언어를 습득하고, 살인이나 근친상간 같은 행위에 심리적인 거부감을 갖고, 무리와 어우러지고, 신화와 의식을 정교하게 조작해 내는 능력 등이다. 테러리스트들은 이런 인간됨을 상실했고, 자신과 타인에 대한 배려나 관심을 모두 지워버릴 수 있는 건 그 때문이다. 그들의 비인간화는 양면성을 지닌다. 정치적인 타격을 가하기 위해 무고한 방관자들을 살해하는 건 그걸 게임으로 여기고 그 사람들을 단순한 꼭두각시로 본다면, 어려울 게 없다. 이렇게 다른 사람들까지 비인간화함으로써 감정이입에 따른 두려움(행동을 저해할 여지가 있는)을 지우고, 양심의 가책(같은 행위를 반복하지 못하게 할)을 차단한다. 아드레날린을 분출시키는 종교나 정치의 명령에 따른 테러리스트 자신의 비인간화 역시 전략적이다. 기계로 변한 자의식은 상해를 두려워하지 않고 정서의 황폐화를 슬퍼할 일도 없다. 무기로서는 더 없이 유용한 전략이다.

여기서 기가 막힌 역설이 등장한다. 몸의 죽음으로 물질로화했을 땐 타인을 위해 유용하게 쓰일 수 있지만(시신을 해부용이나 자동차 충돌 실험용으로 기증함으로써), 단지 정신의 차원에서만 물질로 변하게 되면 타인은 물론 자기 자신에게도 위험한 존재가 될 수 있다는 것이다. 물리적인 죽음은 '만물의 질서'에 해당되는 것인 만큼 일정한 존엄성을 지닌다. 정신적인 죽음은 치욕과 학대의 결과이며, 정신적인 외상의 고통을 타인에게 전가하려한다.

끝, 그 이후

살아 숨 쉬는 사람에서 물질로 화하는 그 위대한 변화를 우리는 죽음이라고 부르며, 그것은 누구도 피해 갈 수 없다. 매장과 화장 이외에 온갖 기이한 방식으로 사체를 처리하는 것에 대해 이야기하는 것은, 우리 모두가 죽고 그 과정을 통해 물질로 변한다는 그 엄연하고도 냉정한 사실을 언어로 덮고 윤색하려는 가리개역할을 한다. 생명이 없고, 움직이지 않고, 말을 잃었으며, 감정과 생각과 의지가 결여된 상태. 그 상태를 나타내는 표현은 얼마든지 생각할 수 있지만, "흙에서 흙으로, 재에서 재로"라는 말보다더 정확한 표현은 찾기 힘들 것 같다.

죽음 이후의 몸, 우리를 이루던 물질은 이런저런 방식을 통해 우주의 일부가 된다. 피는 순환을 멈추고, 뼈는 고아의 장난감처럼 부서진다. 살이 썩는다. 재는 흩어지고, 몸은 땅속 벌레와 미생물의 먹이가 된다. 사랑과 미움과 증오와 욕망과 질투와 기쁨, 이런 것들로 가득 찬 인간이었던 우리와 한 줌의 흙이 되어 버린 우리 사이의 구분이 차츰 모호해진다. 몸에서 흘러나오는 물은, 매장을 한다면 땅에 흡수되고 화장을 할 경우 대기중으로 증발된다. 어느 쪽이든 이 지구를 이루는 물에 더해졌다가 구름으로 피어올라 빗방울이 되어 다시 땅으로 내려올 것이다. 아주 운이 좋다면 우리가 변하여 된 빗방울이 손주나 증손주나 더 먼 후손의 손바닥에 떨어질지도 모른다. 우리의 죽음을 접하고 울었던 누군가의 눈물이 손바닥으로 빗물을 받으며 웃음 짓는 아이의 촉촉한 즐거움으로 새겨질 때, 인류는 찰나의 빛을 발한다. 우리는 태어나서 살다가 죽고, 그렇게 또 살아간다. 그 과정에서 우리는 계속 형체를 바꾼다. 살아 숨 쉬는 존재였다가, 어느 순간에 물질이 된다. 그리고 모든 걸 종합해 보면, 그것들은 결국 같은 것이었음을 알게 된다.

nothing

앵무새 가슴 속의 작은 은상자

A LITTLE SILVER BOX INSIDE THE PARROT'S HEART

위대한 왕국, 용맹한 도적, 수줍은 신부, 잘려나간 손, 한 집안의 비밀을 간직한 나무, 인간의 말을 하는 동물……. 모두 할머니가 나를 재우려고 잠자리에서 읽어 주던 동화책에 어김없이 등장하던 것들이다. 하지만 할머니는 책의 내용을 그대로 되풀이하는 법이 없었다. 매번 줄거리를 바꾸고, 그날의 기분에 따라 길이를 늘이거나 줄였으며, 다른 이야기를 교묘하게 섞어 나를 꿈나라로 이끌곤 했다.

그중 한 이야기 속에는 어떤 공격을 받아도 목숨을 잃지 않는 왕이 등장했다. 그를 죽이는 건 불가능했다. 이유는 간단했다. 자신의 영혼을 작은 은궤에 담아 앵무새의 가슴에 넣어두었기 때문이다. 왕은 앵무새의 가슴을 조심스레 갈라 은궤를 넣은 후 왕국의 하늘을 날아다니도록 풀어 주었다. 영혼을 앵무새의 몸에 넣어 둔 왕은 적의 공격으로부터 안전했다. 그를 암살하려는 시도는 모두 실패로 끝났다. 현명하다고? 할머니와 나도 그렇게 생각했다.

세월은 흘러 할머니는 세상을 떠나셨다. 나도 자라 어른이 되고, 어느덧 아버지가 되었다. 어떤 공격에도 안전하던 왕은 어린 시절의 기억 상자에 담긴 채 뽀얀 먼지에 덮여 있었다. 그런데 어느 날 느닷없이 그 왕이 떠올랐다. 동료들에게 어린 딸을 인사시키는 내가 마치 그 왕이 된 느낌이었기 때문이다. 나는 만면에 자랑스러운 아버지의 미소를 띠고서 딸아이를 가리키며 이 애가 나의 앵무새라고 말했다.

그날 저녁 집에 돌아와 동화의 의미를 곰곰이 되새겨 보았다. 그 동화는 우리를 정말로 해칠 수 있는 건 바로 사랑하는 사람이 위험에 처했을 때라고 말해 주는 얘기 같았다. 누군가 앵무새를 잡아 죽이면 모든 위험으로부터 안전했던 왕 역시 목숨을 잃게 될 것이다. 그런데 좀 더 생각해 보니 더 깊은 메시지가 느껴졌다. 우리가 누군가를 정말로 사랑한다면, 영혼을 전부 줄만큼 그렇게 사랑한다면, 우리는 어떤 위협에도 위축되지 않고 오히려 더 강인하게 삶의 역경을 너끈히 헤쳐 나갈 수 있으리라는 것이었다.

두 겹의 메시지를 찾아낸 나는 기억을 헤집어 왕의 모습을 떠올려 보았다. 다른 건 하나도 기억이 나지 않았다. 그리고 그제야 왕과 앵무새에만 초점을 맞추느라 은궤를 잊고 있었다는 걸 깨달았다. 단순하게만 생각했던 동화는 생각할수록 심오한 의미가 새록새록 등장했다. 인간(왕)과 동물(앵무새), 그리고 사물(은궤)을 하나로 연결지음으로써, 인도의 이 동화는 자연의 눈으로 보면 세 가지가 모두 똑같다는 사실을 분명히 밝힌 것이다. 때로는 서로 대척점에 놓인 것처럼 보이지만, 그러다가 또 어떨 때는 서로를 상징하고, 심지어 하나로 합쳐지기까지 한다. 처음엔 이런 구분 자체를 몰랐다가, 살면서 지나치게 많은 물건을 소유하게 되고, 결국 모든 걸 뒤에 남긴 채 우리 자신도 물질로 변해 버린다. 흙에서 흙으로, 재에서 재로. 왕은 자연이 지닌 이 완벽한 사이클을 지혜롭게 활용해서 자신을 보호했다. 그는 정말 현명한 왕이었다. 그리고 우리 할머니도 그러셨다.

epilogue

사물의 습득과 사용

18쪽   인용한 시는 『일상적인 사물에 바치는 송가들Odes to Common Things』(Boston: Bulfinch Press, 1994)이라는 시집에 수록된 파블로 네루다의 「사물에 바치는 송가Ode to Things」의 일부다.

18쪽   "우리는 그것들을 끊임없이 발견, 프로이트의 말을 빌리자면……" 지그문트 프로이트가 "사물의 선택"에 대해 처음으로 언급한 것은 『프로이트 심리 연구 전집The Complete Psychological Works of Sigmund Freud』(London: Hogarth Press, 1953)에 실린 「섹슈얼리티 이론에 관한 세 편의 에세이 (7: 125-243)」에서였다. 그는 성인(그는 인간을 지칭할 때 이런 표현을 사용했다)이 "사물"을 선택하는 것은 사실상 유년기 초반에 경험한 동일한 물건의 원형에 따른다고 말한 바 있다. 어떤 사물을 "발견"하는 게 아니라 단순히 "재발견"한다는 개념은 여기서 도출되는 것이다. 나는 프로이트의 이 생각을 이 책에서 다룬 인간과 사물의 관계에 확대 적용했다. 간추려 말하자면, 우리가 성년이 된 후에 만족스럽다고 여기는 사물에는 어렸을 때 그렇게 느꼈던 뭔가의 흔적과 성격이 어려 있다는 것이다. 사물의 선택에 깃드는 이와 같은 과거-현재 간의 고리는 「향수를 자극하는 것들」에서 다루게 될 이민자의 경우에 가장 두드러진다.

20쪽   "행동생물학자 데스몬드 모리스가 털 없는 원숭이라는 표현을 쓰기도 했지만……" 데스몬드 모리스, 『털 없는 원숭이』(New York, Random House, 1967)

20쪽   "그 결과, 세상은 보르헤스의 말마따나……" 『호르헤 루이스 보르헤스: 시 선집』 알렉산더 콜맨 편 (New York, Viking Press, 1999).

22쪽   "여기서 문득 도널드 위니콧……" 이 부분을 더 자세히 알고 싶다면, 『국제 정신분석 저널』 34 (1953): 89-97에 실린 도널드 위니콧의 「과도기의 사물과 과도기적 현상: 최초의 '내가 아닌' 소유물의 연구」를 참고하기 바란다.

22쪽 "어려서 주변의 물리적 환경과 교감했던 상호작용이……" 줄리언 헉슬리,
『생물학자의 에세이Essays of a Biologist』(London: Chatto and Windus, 1926).

수집하고 쌓아 놓기

29쪽 "『코벨의 골동품과 수집품 가격 가이드』를 쓴……" 『코벨의 골동품과 수집품 가격
가이드Kovel's Antiquity and Collectibles Price Guide』(New York: Three Rivers Press,
2002).
33쪽 "그러나 이렇게 유명하지는 않더라도……" 여기에 인용된 특이한 개인 수집가들의
사례는 클레어 포커드 편 『기네스 세계기록』(New York: Bantam Books, 2004)에서
발췌했다.
37쪽 "병뚜껑은 괜찮지만 배꼽 털이라면 얘기가 다르다." 배꼽의 털을 수집하는 사람이
설마 있으랴, 의구심이 든다면, www.feargod.net에 올라와 있는 흥미진진한 「배꼽
털의 놀라운 세계The Incredible World of Navel Fluff」에서 많은 정보를 접할 수
있을 것이다.
45쪽 "아무것도 내버리지 못하고, 물건을 물색없이 사들이고……" 누가 내버린 물건을
주워오는 버릇이 맨해튼에서는 거의 예술의 경지에 이르렀다. 그곳 사람들은
길가에 내버린 물건들로 아파트를 꾸미고 장식하는 경우가 많다. 테드 보타는
『몽고Mongo』(New York: Bloomsbury, 2004)라는 책에서 이에 대한 놀라운 사례를
제공한다.
46쪽 "『뉴욕타임스』의 프란츠 리즈는 다음의 사례들을 소개했다." 이 내용은
『뉴욕타임스』 2003년 10월 26일자 「페이퍼 체이스」라는 제하의 기사에 실렸다.
47쪽 "하지만 콜라이어 형제의 소름끼치는 이야기에 비교하기엔 이 정도로는……"
콜라이어 형제에 대한 보다 자세한 이야기는 프란츠 리즈의 책, 『유령으로 살다
간 사람들: 뉴욕 최악의 잡동사니 수집가, 콜라이어 형제의 믿기 힘든 실화Ghostly
Men: The Strange but True Story of the Collyer Brothers, New York's Greatest
Hoarders』(New York: Bloomsbury, 2003)에서 접할 수 있다.

향수를 자극하는 것들

56쪽 "향수의 중심에는……" 빈의 저명한 정신분석학자 에디스 스터바(Edith Sterba)는
『정신병 학회지』 14(1940): 701-707에 실린 「향수병과 어머니의 젖가슴」이라는
논문에서 향수에 대한 심도 깊은 심리학적 고찰을 최초로 시도했다. 최근 들어 이
주제와 관련된 논문 중에 주목할 만한 것으로는 데이비드 버먼(David Werman)의

「향수의 정상과 병적 사례」, 『미국 정신분석협회 저널』 25(1977): 387-398, 그리고 레슬리 손(Leslie Sohn)의 「향수」, 『국제 정신분석 저널』 64(1983): 203-211 등을 들 수 있다.

56쪽 "이런 상실, 그리고 획득의 감정은……" 우리가 잃어버린 사람, 사물, 그리고 장소를 지나치게 이상시한다는 것을 처음으로 지적한 사람은 프로이트였다. 그가 이 의견을 개진한 것은 『프로이트 심리 연구 전집』(London: Hogarth Press, 1953)에 수록된 「애도와 우울증」에서였다, 14: 239-258.

57쪽 "우리는 누구나 칵테일파티에 가서……" 이 문장은 앨런 휠리스의 책, 『환상을 잃어버린 남자The Illusionless Man』(New York: Colophon Books/Harper & Row, 1966), pp. 148-149에 나온다.

59쪽 "그렇기 때문에 이민이 초래하는 가장 큰 외상은……" 『국제 정신분석 저널』 59(1981): 325-332에 실린 스탠리 덴퍼드(Stanley Denford)의 기고문 「떠나는 사람들Going Away」은 이 주제를 보다 자세히 다루고 있다.

60쪽 "조르조는 어려서 느꼈던 어머니의 품처럼……" 치리코의 전기를 집필한 제임스 소비시는 『조르조 데 키리코』(New York: The Museum of Modern Art, 1958)에서 이 점을 두드러지게 강조했다.

61쪽 "이민자에게 집은 은신처가 되고……" 이것에 대해서는 졸저 『이민과 정체성: 혼란, 치료, 그리고 변형Immigration and Identity: Turmoil, Treatment, and Transformation』(Northvale, N.J.: Jason Aronson, 1999)에서 이민자들이 불안정한 내면의 정체성을 보강하기 위해 취하는 다면적인 방법을 자세히 설명했다.

61쪽 "자신의 의지에 반해 처벌을 피하고자……" "그 흔한 '행운의 환송식'조차 없이……" 이 말은 레온 그린버그와 레베카 그린버그가 사랑하는 사람들과 장소에 작별을 고할 기회를 갖게 되면 그들을 두고 떠나는 상처가 감소된다고 주장하면서 처음으로 언급했다. 두 사람의 공저 『이민과 망명의 정신분석학적 고찰Psychoanalytic Perspectives on Immigration and Exile』(New Havem, Conn.; Yale University Press, 1989).

63쪽 마르셀 프루스트 『돌이킬 수 없는 것들의 기억Remembrance of Things Past』 2권(New York: Random House, 1934).

64쪽 주디스 게스트, 『보통 사람들Ordinary People』(New York: Ballantine Books, 1976).

64쪽 앤 타일러, 『우연한 여행자The Accidental Tourist』(New York: Alfred A. Knopf, 1985).

65쪽 "셋째 항목에 해당되는 물건, 즉 유물로 남길 것들은……" 고리가 되는 사물이라는 말은 정신분석학자인 바미크 볼칸(Vamik Volkan)이 만들어 낸 용어로, 그가 집필한 다수의 저작에 등장한다. 그중에서 가장 중요하고도 포괄적인 책이라면『고리가 되는 사물과 고리가 되는 현상: 심각한 비탄의 형태와 증상, 메타심리학, 그리고 치료에 대한 연구Linking Objects and Linking Phenomena: A Study of the Forms, Symptoms, Metapsychology, and Therapy of Complicated Mourning』(New York: International Universities Press, 1981)를 꼽을 수 있다.

66쪽 바미크 볼칸, 엘리자베스 진텔,『상실 이후의 삶: 비탄의 교훈Life After Loss: The Lessons of Grief』(New York: Scribner, 1993).

67쪽 "오래된 물건, 특히 환상의 영역에 존재하는 물건에 깃든⋯⋯" 다니엘 제샹, 「애도와 향수Deuil et Nostalgie」,『프랑스 정신분석 리뷰』32(1968): 39-65

68쪽 "사생활을 지극히 중시했으면서도 시시콜콜한 자서전을 펴냈으며⋯⋯" 본문에서 언급된 월리스 너팅의 사진에 대한 보다 자세한 내용은 마이클 이반코비치의 『월리스 너팅 사진 수집가이드: 특징과 가격The Collector's Guide to Wallace Nutting Pictures: Identification and Pricing』(Paducah, Ky.: Collectors Books, 1997)을 참고하기 바란다. 너팅 본인도 많은 책을 남겼다. 대부분은 원저 가구와 미국 골동품 시계, 그리고 식민지 시대의 식기류와 철물에 대한 것들이다. 그리고 『월리스 너팅의 전기Wallace Nutting's Biography』(Framingham, Mass.: Old America Books, 1936)라는 무미건조한 제목으로 시시콜콜한 회고록도 썼다.

신성한 것들

76쪽 "시애틀의 변기회사에서 코끼리 머리를 한⋯⋯" 그 욕실용품 회사에서는 '신성한 의자' 라인을 기획하면서 그중 하나에 힌두교 가네샤 신의 모습을 담고는 '예쁘게 앉았네'라는 제목을 붙였다. 하지만 이 제품은 북미힌두교도 단체의 항의를 받고 시장에서 철수했다.

76쪽 "그런가 하면 오줌을 채운 항아리에 십자가를 꽂고⋯⋯" 매플소프 검열 논란: 사건 일지는 www.politicalresearch.org에서 찾아볼 수 있다.

81쪽 "신성과 불경의 어원도 이런 식의 사고를⋯⋯" 이 문단에 인용한 정의는 웹스터 사전을 참고했다.『Webster's Ninth New Collegiate Dictionary』(Springfield, Mass.: Merriam Webster Inc., 1983), pp. 939-1035.

85쪽 살만 루시디,『악마의 시』(New York: Viking, 1988).

성적인 것들

92쪽 "무슨 말인고 하니, 프로이트가 유년기에 나타난다고 했던 현상⋯⋯" 오이디푸스 콤플렉스와 그것이 연애나 성적인 면의 선택에 미치는 영향에 대한 지그문트 프로이트의 자세한 설명은 다음의 논문을 참고하기 바란다: 「인간의 대상 선택의 특별한 종류A Special Type of Object Choice Made by Men」(1910), 『프로이트 심리연구 전집』(London: Hogarth Press, 1957), 11: 163~175, 그리고 「사랑의 영역에서 벌어지는 타락의 보편성에 관하여On the Universal Tendency to Debasement in the Sphere of Love」(1912), 『프로이트 심리연구 전집』(London: Hogarth Press, 1957), 11: 178~190.

93쪽 "실제로 1990년에 37개 문화권에서 조사를……" D. M. 버스, 「인간의 짝짓기 선호도에서 나타난 남녀의 차이: 37개 문화권의 실험을 바탕으로 한 진화론적 가설Sex Differences in Human Mate Preferences: Evolutionary Hypotheses Tested in 37 Cultures」, 『행동 및 뇌 과학』 12(1989): 1~14.

94쪽 "미국에서는 매달 약 1천만 명의 성인이 『플레이보이』를 보고……" 이 수치는 플레이보이 엔터프라이즈(www.playboyenterprises.com)에서 제공한 정보에 의한 것이다.

94쪽 "포르노 산업은 연간 80억 달러의 매출을 기록하고 있는데……" 「외설과 포르노 조사위원회 보고서」(1970), D. Symons, 『인간 성욕의 진화The Evolution of Human Sexuality』(New York: Oxford University Press, 1979), p.171에서 재인용.

95쪽 "포르노 심리학을 연구한 로버트 스톨러는……" 성도착이라는 주제로 이론적으로 탄탄하고 읽는 재미까지 풍부한 스톨러의 견해는 그의 책, 『성도착: 증오의 에로틱한 형태Perversion: The Erotic Form of Hatred』(New York: Pantheon Book, 1975)를 참고하기 바란다.

96쪽 "프로이트도 '우리는 가장 강력하게 성적 흥분을 야기하는 성기 자체는……" 지그문트 프로이트, 「섹슈얼리티 이론에 관한 세 편의 에세이」(1905), 『프로이트 심리학 전집』(London: Hogarth Press, 1953) 7: 135~243.

96쪽 "아르헨티나에서 활동하는 정신분석학자 아리엘 아랑고……" 본문의 인용구는 아리엘 아랑고의 책, 『더러운 말들: 정신분석학적 통찰Dirty Words: Psychological Insights』(Northvale, N.J.: Jason Aronson, 1989)에서.

97쪽 "프로이트가 지적한 성도착의 특징……" 지그문트 프로이트, 「성욕도착Fetishism」(1927), 『프로이트 심리연구 전집』(London: Hogarth Press, 1961), 11: 152~157.

100쪽 "사회인류학자인 존 마샬 타운센드는……" J. M. 타운센드, 「짝짓기 선택의 기준: 파일럿 연구Mate Selection Criteria: a Pilot Study」, 『행동생물학과 사회생물학』 10(1989): 241~253

101쪽 찰스 다윈, 『종의 기원』(London: John Murray, 1859).

102쪽 낸시 에트코프, 『미인생존Survival of the Prettiest』(New York: Anchor Books, 1999).

102쪽 "리처드 도킨스처럼 아름다움을 연구하는 진화생물학자들은……" 리처드
　　　도킨스의 신체적 아름다움의 결정인자에 대해서는 그의 책 『눈먼 시계공Blind
　　　Watchmaker』(New York: W. W. Norton, 1987)과 『에덴 밖의 강River Out of
　　　Eden』(New York: Basic Books, 1995)을 참고하기 바란다.
104쪽 "이런 주장이 설득력이 없어 보인다면……" 이것을 비롯한 데스몬드 모리스의
　　　도발적인 주장에 대해서는 그의 책, 『털 없는 원숭이』(New York: McGraw Hill,
　　　1967)를 참고하기 바란다.
108쪽 "D. B. 부시와 J. R. 스탈링이 작성한 항문……" D. B. 부시와 J. R. 스탈링, 「직장의
　　　이물질들: 사례 보고 및 세계 문학의 포괄적 연구Rectal Foreign Bodies: Case
　　　Reports and a Comprehensive Review of the World's Literature」, 『Survey』 3(1986):
　　　512-519.

잡종들

115쪽 하이브리드의 사전적 정의는 『Webster's Ninth New Collegiate
　　　Dictionary』(Springfield, Mass.: Merriam Webster Inc., 1983), p589를 참고했다.
116쪽 "얼마 전에는 미니애폴리스의 워커아트센터에서……" 워커아트센터에서 기획한
　　　「묘하게 친숙한: 디자인과 일상Strangely Familiar: Design and Everyday Life」 전시의
　　　자세한 내용은 www.carnegiemuseums.org의 2003년 11/12 전시목록에서 찾아볼
　　　수 있다.
118쪽 "이보다 조금은 경건한 사례로는……" 본문에 인용된 뉴질랜드 여성의 타조알을
　　　비롯해서 이례적인 자연친화적 납골단지의 사례는 『필라델피아 인콰이어러』
　　　2002년 11월 29일자에 실린 데이비드 켈리의 기사, 「변화의 용기: 화장이
　　　증가하면서 납골단지에도 개성의 바람이」에 실렸다.
119쪽 그리스 신화에 등장하는 반인반수의 사례들은 『불핀치의 신화: 그리스·로마의
　　　우화들』(New York: Viking Press)을 참고하기 바란다.
123쪽 "'카붐!'이라는 자살폭탄 게임도 그중 하나다." 『뉴욕타임스』 2002년 12월
　　　5일자에 실린 샘 루벨의 기사 「취향의 한계를 시험하는 자살폭탄 게임」에서는
　　　카붐! 게임을 둘러싼 논란을 자세히 다루면서 이 게임의 플레이 건수가 87만 5천
　　　건을 넘었으며, 인터넷 사이트에 수백 건의 호평이 올라왔다고 전하고 있다.
124쪽 "그런 탐욕에 휘둘리지 않고 그만큼 사악하지 않은 예로는……" 모리츠
　　　코르넬리스 에셔의 작품을 다룬 책과 인터넷 사이트는 대단히 많다. 에서 본인의
　　　글을 포함해서 그와 그의 작품을 논한 에세이 모음집으로는 J. L. 로서가 편집한
　　　『M. C. 에셔의 세계The World of M. C. Escher』(New York: Harry N. Abrams,

1972)가 있다.

124쪽 "미국의 계관시인 빌리 콜린스······" 본문에 인용한 「피조물들」은 콜린스의 최근 시모음집 『아홉 마리의 말들Nine Horses』(New York: Random House, 2002), pp. 49-50에서 발췌했다.

짝퉁들

137쪽 "2002년 봄, 전 세계의 고고학자와 신학자······" 『필라델피아 인콰이어러』 2003년 6월 19일자에는 이 사건의 전모를 취재한 아론 데이비스의 「전문가들, 예수가 언급된 유골함 가짜로 판단」에 실렸다.

137쪽 "『성서 고고학 리뷰』 지면을 통해 유골함의 발견 사실을 전한 프랑스 학자 앙드레 라메르는······" 야고보의 유골함에 대한 라메르의 글은 『성서 고고학 리뷰』, 121(2002): 1-17에 수록됐다.

139쪽 "그중에서도 특히 기만적인 재주로 엄청난 거액을 챙긴 예술 위조가로······" 한스 반 미허른과 톰 키팅을 포함한 20세기의 악명 높은 위조가들의 목록은 www. museumofhoaxes.com에 실려 있다.

140쪽 "뉴욕주 개러슨에 사는 거래상이자 수집가인 브루스 기멜슨은······" 기멜슨의 말은 『비지니스 위크』 온라인판 2000년 4월 3일자에서 인용했다.

142쪽 조셉 코지의 인생역정이 궁금하다면 법정텔레비전방송국의 웹 사이트, crimelibrary.com을 참고하기 바란다.

잊어버리고, 잃어버리고, 내버리기

152쪽 "물건에 작별을 고하는 가장 흔한 방법은 '잃어버리는' 것······" 이런 실수의 저변에 깔린 이유는 지그문트 프로이트의 「일상의 정신병리학The Psychopathology of Everyday Life」(1901), 『프로이트 심리연구 전집』(London: Hogarth Press, 1960), 6: 1-279 참고.

157쪽 "그것들을 잃는다는 건 그때까지 주고받던······" 사물에게도 그들만의 '약력'이 있을 수 있다는 개념은 이고르 코피토프(Igor Kopytoff)가 처음으로 제기했다. 그는 사람들이 뭔가를 볼 때 이런 질문을 떠올린다고 주장했다. 저건 어디서 왔을까? 누가 만들었을까? 지금까지 어떤 과정을 거쳐 왔으며, 어떻게 사용해야 가장 이상적일까? 코피는 "우리는 소각장에서 한 줌의 재로 변하는 르누아르 그림의 약력이 살인을 당한 어느 개인의 인생만큼이나 비극적이라고 생각한다."고 말했다. 그의 견해가 궁금하다면, 아르준 아파두라이가 편집한 『사물의 사회적

삶: 재화의 문화적 고찰The Social Life of Thing: Commodities in Cultural Perspective』(Cambridge, U.K.: Cambridge University Pres, 1986), pp. 64-91에 실린 그의 글, 「사물의 문화적 약력: 그 과정에서의 범용화」를 참고하기 바란다.

158쪽 "1989년에 캐롤라이나를 강타한 허리케인 휴고가 약 70억 달러의……" 캐롤라이나를 휩쓴 허리케인의 경제적 손실과 정서적 고통에 대해서는 제이 반스(Jay Barnes)의 『노스캐롤라이나의 허리케인 역사North Carolina's Hurricane History』 3rd ed.(Chapel Hill, N.C.: University of North Carolina Press, 2001)를 참고하기 바란다.

158쪽 "이민이나 망명을 한 사람들은 사물을 잃는 것이 어떤 의미인지……" 이민자와 망명객들이 느끼는 향수에 대해서는 졸저, 『이민과 정체성: 혼란, 치료, 그리고 변형』(Northvale, N.J.: Jason Aronson, 1999)에서 자세히 다루었다.

161쪽 '그런데 아홉 살이 됐을 때 끔찍한 상황에 처하게 됐다.' '영혼 살해'라는 개념은 레너드 셴골드 박사의 『영혼 살해: 아동 학대와 박탈의 영향Soul Murder: The Effects of Childhood Abuse and Deprivation』(New Haven, Conn.: Yale University Press, 1989)에 자세히 나와 있다.

162쪽 "미국인들은 물질에 둘러싸여 거의 질식할 지경에 이르렀다……" 이 내용은 『타임스-피카윤』 2004년 3월 14일자에 실린 주라 콘시우스의 「잡동사니 통제하기: 정리와 수납, 호황 산업으로 떠올라」를 참고했다.

162쪽 "인터내셔널 하우스웨어즈 어소시에이션이라는 회사가 수집한 자료에 따르면……" Ibid.

162쪽 "정리에 관한 한 미국 최고수를 자처하는 돈 애슬렛은……" 돈 애슬렛은 잡동사니 소유를 최소한으로 제한해야 주거 공간의 질이 높아진다고 주장한다. 『어지럽게 사는 사람들, 더 이상 물러설 곳이 없다: 이제는 삶의 쓰레기를 버려야 할 때Clutter's Last Stand: It's Time to De-Junk Your Life』(Cincinnati, Ohio: Writer's Digest Books, 1984)

163쪽 "『잡동사니 정복하기』라는 책을 쓴……" 스테파니 컬프의 『잡동사니 정복하기How to Conquer Clutter』(Cincinnati, Ohio: Writer's Digest Books, 1989).

163쪽 "미국 정리도우미연합에 소속된 2,200명의 회원들은……" 이 협회의 회원은 1985년 설립 당시의 5명에서 2004년에는 2,200명으로 증가했다. 전업으로 종사하는 회원들은 1년에 4만~20만 달러의 수익을 올린다. 협회에 대한 자세한 내용은 www.napo.net에서 확인하기 바란다.

166쪽 보르헤스의 시 「사물들」은 알렉산더 콜먼이 편집한 『호르헤 루이스 보르헤스: 시 선집』 알렉산더 콜맨 편 (New York, Viking Press, 1999) p. 277에서 인용했다.

170쪽 마리 그로숄츠('마담 투소')의 자세한 약력은 파멜라 필빔(Pamela Pilbeam)이 쓴 『마담 투소와 밀랍의 역사Madam Tussaud and the History of Waxworks』(London: Hambeldon and London, 2003)를 참고하기 바란다.

175쪽 "게다가…… 필요한 것도 많다." 관과 염하는 방식, 영구차를 비롯해서 장례 관련 장비의 다양한 모습을 엿보고 싶다면, www.nmfh.org를 방문해보기 바란다.

176쪽 메리 로치, 『인체 재활용: 당신이 몰랐던 사체 실험 리포트Stiff: The Curious Lives of Human Cadavers』(New York: W. W. Norton, 2003).

179쪽 "전쟁 중에 자행되는 이런 비극적이고 극단적인 행동과는 다르지만……" 테드 윌리엄스와 티모시 리어리, 그리고 에드 헤드릭의 유해가 처리된 방식에 대해서는 www.infoplease.com, www.leary.com을 각각 참고했다.

180쪽 "시카고 외곽에 위치한 라이프 젬이라는 회사에서는……" 라이프 젬과 이터널 리프에 대한 자세한 내용은 각 회사의 홈페이지, www.lifegem.com, 그리고 www.eternalreefs.com에서 확인해볼 수 있다.

183쪽 "아니, 엄밀히 말하면 인간이라는 말을 쓰기조차 힘들다." 다양한 종류의 비인간화, 그리고 테러리스트들의 폭력과의 연관성에 대해서는 스베르 바빈과 바미크 볼칸이 편집한 『폭력 또는 대화: 테러리즘에 대한 정신분석학적 고찰Violence or Dialogue: Psychoanalytic Insights on Terror and Terrorism』에 실린 필자의 에세이 「비인간화: 기원, 발현, 그리고 치유」에서 자세히 논한 바 있다.

감사의 글

이 책을 쓰는 동안 많은 "사물들"이 내게 도움을 주었다. 모두에게 고맙지만, 특히 다음의 것들에게는 깊은 감사를 전하고 싶다.

에이전트인 말리 루소프의 명함. 덕분에 그녀에게 연락을 할 수 있었고, 대중적인 책을 쓰라는 제안에 응하게 됐다. 스스로 큰 희망을 갖지 못했을 때조차 흔들림 없이 나를 믿어 주고, 내 모든 불안과 근심을 달래 준 그녀는 이루 말할 수 없을 만큼 큰 힘이 됐다.

파란색 펠트펜과 노란색 메모지. 지금까지 당신이 읽은 이 책을 쓰는 데 도움을 주었다.

컴퓨터. 캐더린 포드가 원고를 컴퓨터에 입력해 주었다. 그녀는 탈고하기까지 여러 번의 수정을 하는 동안 밝고 명랑한 태도를 잃지 않았다.

202

대륙횡단 기차. 하모니북스의 담당 편집자인 줄리아 패스토어는 이 기차를 타고 뉴욕과 필라델피아를 오가며 기획 방향을 상의했다. 그녀의 제안은 늘 이 책의 메시지를 더 분명하고 명확하게 만들어 주었다.

전화. 하모니북스의 셰이 아레하트와 통화를 하며 그녀의 상냥하고 친절한 위로를 받을 수 있었고, 말리 루소프, 줄리아 패스토어와 연락을 취할 수 있게 했으며, 이라 브레너, 제니퍼 보노비츠, 사이드 코이타, 그리고 J. 앤더슨 톰슨 2세를 비롯한 여러 친구들은 내가 전화로 읽어 주는 원고의 내용을 듣고 귀중한 충고와 조언을 해 주었다.

뉴욕의 디완 그릴. 말리와 나는 기획 단계 때 이곳에서 여러 번 점심을 먹으며 윤곽을 가다듬었다.

식탁 두 개. 그 위에 필요한 자료들을 전부 펼쳐놓고 원고를 썼다. 하나는 펜실베이니아 아드모어에 있는 우리 집 식탁이고, 또 하나는 뉴저지 리빙스톤에 사는 안주 바르가바의 집에 있다.

그리고 여기 언급하지 못한 수많은 "사물들"에게도 마음 깊은 곳으로부터 감사의 마음을 전한다!

옮긴이 강수정

연세대학교를 졸업하고 출판사와 잡지사에서 근무했으며 지금은 번역 일을 하고 있다.
옮긴 책으로 『신도 버린 사람들』, 『안나와디의 아이들』, 『마지막 기회라니?』,
『여기, 우리가 만나는 곳』, 『토스카나의 태양 아래서』, 『모든 죽은 것』 등이 있다.

사물과 마음

살만 악타르 지음
강수정 옮김

제1판 1쇄 발행일 2014년 7월 25일

● 홍시

발행인	홍성택
기획편집	조용범, 김은현
디자인	박선주
영업	김성룡

주소	135-878) 서울시 강남구 삼성로 100길 23-7
전화	편집 02)6916-4481 영업 02)539-3474
팩스	02)539-3475 (책 주문 시)
이메일	editor@hongdesign.com
블로그	www.hongc.kr
인쇄제작	정민문화사

ISBN	978-89-93941-94-4 03180

이 도서의 국립중앙도서관 출판예정도서목록(CIP)은 서지정보유통지원시스템 홈페이지
(http://seoji.nl.go.kr)와 국가자료공동목록시스템(http://www.nl.go.kr/kolisnet)에서
이용하실 수 있습니다.(CIP제어번호: CIP2014020469)

● 홍시 홍디자인은 (주)홍시커뮤니케이션의 출판 브랜드입니다.